双璧文丛

中英双语

English / Chinese

玛丽玛丽

[爱尔兰] 斯蒂芬斯 —— 著

徐志摩　沈性仁 —— 译

时代出版传媒股份有限公司

北京时代华文书局

图书在版编目（CIP）数据
玛丽玛丽 /（爱尔兰）斯蒂芬斯著；徐志摩，沈性仁译. -- 北京：北京时代华文书局，2014.5
ISBN 978-7-80769-537-0

Ⅰ.①玛… Ⅱ.①斯… ②徐… ③沈… Ⅲ.①长篇小说－爱尔兰－现代 Ⅳ.①I562.45

中国版本图书馆CIP数据核字（2014）第055383号

玛丽玛丽

作　　者 | [爱尔兰] 斯蒂芬斯
出 版 人 | 田海明　周殿富
责任编辑 | 孟繁强
装帧设计 | 段文辉
责任印制 | 刘　银

出　　版 | 时代出版传媒股份有限公司　http://www.press-mart.com
北京时代华文书局 http://www.bjsdsj.com.cn
北京市东城区安定门外大街136号皇城国际大厦A座8楼　邮编：100011
发　　行 | 北京时代华文书局图书发行部（010）64267120　64267397
印　　刷 | 北京鹏润伟业印刷有限公司　电话：（010）8026119
（如发现印装质量问题，影响阅读，请与印刷厂联系调换）

开　　本 | 880mm×1230mm　1/32
印　　张 | 9
字　　数 | 225千字
版　　次 | 2014年6月第1版　2014年6月第1次印刷
书　　号 | 978-7-80769-537-0
定　　价 | 22.00元

“双璧文丛”编辑前言

自近代西风东渐以来，中华文明与世界各文明之间的交流从未停止，双方都从这种交流中获益匪浅。当今之世，寰宇为平，天涯咫尺，我们每一个爱书之人在沧海桑田之变中，最感欣慰的小小幸福就是可以读到更多更好的书，原本“书卷多情似故人，晨昏忧乐每相亲”，如今更是“有朋自远方来，不亦乐乎”。这些远方的“朋友”，必得先有人接引进门，方能一睹庐山真面目。这些接引之人，有的自名为“窃火者”，有的信奉“信达雅”，有的主张“重神似不重形似”，我们通常称他们为“译者”。“译者”和“作者”一样是读者的益友、忠友、信友、诤友。

“双璧文丛”是安徽出版集团北京时代华文书局策划组织出版的系列双语丛书。“双璧文丛”希望作者与译者并重，为读者同时提供两种语言、两种文化的精神产品。本丛书的收录范围不局限于英语世界，而是希望尽可能地营造多语种、多文化的生态圈。在这个生态圈中，不仅有日语、法语、俄语等广泛通用的语言，也有世界语、梵语这样高度专业化的语言。这种情况对编辑出版的要求极高，与其脱离编辑现实能力和读者普遍需求，片面追求“原汁原味的原文”，不如退而求其次，采用稳妥可靠的英译本和中文译本一同推出。这样做有以下几种好处。

首先，英语作为世界上使用人数最多的语言之一，其他语种的重要作品，特别是已在文学、文化史上成为经典的著作，往往有较为可靠的英文译本。其次，不少其他语种的翻译作品，也是经由英译本转译而来。第三，中国读者最为熟悉的外语也是英语。读者通过阅读中英双语作品，可以在欣赏方面减少障碍，同时提高自己的英语水平。

“双璧文丛”中的作品翻译时间跨度较大，有不少翻译于二十世纪上半期，在译名、语法、用词、用字等方面带有当时的特征。这些作品并非落后于时代的古董和化石，而是埋没在历史尘埃中著译相得的一时之选。我们在不影响阅读的前提下，尽量保留了当时初版本的原貌，相信读者能够从不同风格、不同趣味、不同语言习惯的作品中，体会到不同的阅读乐趣，结识更多的新朋友。

由于我们的水平有限，本丛书肯定还存在这样或那样的问题，希望各位读者不吝赐教，提出您宝贵的意见，以备我们及时修正。

“双璧文丛”编辑部

序

在我翻译往往是一种不期然的兴致。存心做的放着不做，做的却多半是不预期的。我想翻柏拉图，想翻旧约，想翻哈代、康赖特的小说，想翻斐德的散文，想翻鲁意思的哥德评传，想翻的还多着哪，可是永远放着不动手。不得空闲虽则不完全是饰词，但最主要的原因还在胆怯——不敢过分逼迫最崇仰的偶像一类的胆怯。翻译是一种直接的动手；动手动坏了怎么好？不敢动手的心理与尊崇心是正比例的。

但这短序不容我侈谈。我说我的翻译多半是兴致。不错的。我在康桥译了几部书。第一部是《涡堤孩》。第二部是法国中古时的一篇故事，叫作《吴嘉让与倪珂兰》。第三部是丹农雪乌的《死城》。新近又印了一册《曼殊斐尔小说集》，还有凡尔泰的《赣第德》。除了曼殊斐尔是我的溺爱，其余的都可算是偶成的译作。

这本《玛丽玛丽》（在英国叫做 *"A Charwoman's Daughter"*、——一个老妈子的女儿）是我前四年在硖石山上度冬时一时高兴起手翻的。当时翻不满九章就搁下了，回北京再也想不起兴致来继续翻。刘勉己也不知是哪一位捡了我的译稿去刊登了晨副，沈性仁看了说那小说不错，我一时的灵感就说那就劳驾您给貂完了它！随后我又跑欧洲去了。沈女士真守信，生活尽忙，居然在短时期内把全书给译成了交给我。是我懒，把稿子一搁就是一年多，想不到留到今天却帮了新月的忙。

占姆士司帝芬士（James Stephens）原书的作者，出身虽只是爱尔兰的寒族，他在文学界的贡献，早已不止“一瓶金子”（司帝芬士的另一名著，原名“*Crock of Gold*”），他没有王尔德的奢侈，但他的幽默是纯粹民族性的。正如前百年的英国有Jane Austen[1]，现代英国有J.M.Barrie[2]，前百多年的苏格兰有Robert Burns[3]——现代的爱尔兰有占姆士司帝芬士。幽默是天才，正如悲剧的感觉是天才。他的不是肤浅的观察，那是描写外形的，他的是深入的体会，一个诗人的感觉在万千世界内活动的表现。运用文字本身并不是什么了不得的伎俩，但要运用文字到一种不可错误的表现的境界，这戏法才变得巧妙。司帝芬士有这本领。

现代是感情作用生铁门笃儿主义打倒一切的时代，为要逢迎贫民主义劳民主义起见，谁敢不呐喊一声“到民间去”，写书的人伏在书台上冥想穷人饿人破人败人的生活，虽则他们的想像正许穷得连穷都不能想像，他们恨不能拿缝穷婆的脏布来替代纸，拿眼泪与唾沫来替代字，如此更可以直接的表示他们对时代精神的同情。司蒂芬士给我们的是另一种的趣味。他写穷人的生活，不错，但他开我们眼的地方不是穷的描写，而是生活的表现，在这里穷富的界限是分不到的。一枝草花

---

[1] 简·奥斯汀（1775–1817），英国小说家。

[2] 詹姆斯·巴里（1860–1937），英国小说家，《彼得·潘》作者。

[3] 罗伯特·彭斯（1759–1796），苏格兰诗人。

在风前的招展，一只小鸭在春水里的游泳，玛丽姑娘碰到巡警伟人小心的怦动，莫须有太太梦想的荒唐，什么事物什么境地的光与色折射上了诗人的灵性的晶球，司蒂芬士有他那神妙的笔法轻轻的移映到文字的幕面上来逼我们读者的欢喜与惊奇。

但这转译当然是一种障碍，即使不至是一种隔膜。翻译最难是诗，其次是散文写成的诗。《玛丽玛丽》是后一类。经过一度移转，灵的容易变呆，活的容易变死，幽妙的容易变粗糙——我不能为我们自家的译品昧着良心来辩护，但我们当然也只能做我们做得到的事。我们的抱歉第一是对作者，第二是对读者。

徐志摩

一

玛丽与她的母亲，莫须有太太，住在一所高大的黝黑的屋子的顶上一间小屋子里，在都白林[1]城里的一条后街上。她从小就住在这间屋顶的小房间里。天花板上所有的裂缝，她都知道，裂缝不少，都是奇形怪状的。旧极的糊纸的墙上长着无数霉菌的斑点，她也是熟悉的。她看着这些斑点从灰影子长成黑斑，从小污点长成大霉块，还有墙脚边的破洞，晚上蟑螂虫进出的孔道，她也知道。房间里只有一面玻璃窗，但她要向窗外望时，她得把窗子往上推，因为好几年的垢积已经掩没了玻璃的透明，现在只像是半透光的薄蛎壳了。窗外望得见的也只是隔壁那所屋子顶上的一排烟囱土管，不息的把煤点卷向她的窗子；所以她也不愿意多开窗，因为开窗就得擦脸，用水也得她自己走五层楼梯去提，因此她更不愿意薰黑了脸子多费水。

她的母亲简直的不很洗脸，她以为濯洗不是卫生的，容易擦去脸上本来的光润，并且胰子水不是敛紧了皮肤，就泡起了皱纹。她自己

---

[1] 今译都柏林，编者注。

的脸子有地方是太紧，有地方又是太松，玛丽常常想起那松的地方一定是她母亲年轻时擦得太多了，那紧的地方一定是她从来没有洗过的。她想她情愿脸上的皮肤不是全松就是全紧，所以她每次洗脸她就满面的擦一个周到，不洗的时候也是一样的不让步。

她的母亲的脸子是又陈又旧的象牙的颜色。她的鼻子是像一只大的强有力的鸟喙，上面的皮张是绷得紧紧的，所以在烛光里，她的鼻子呆顿顿的亮着。她的一双眼是又大又黑像两潭墨水，像鸟眼一样的铄亮。她的头发也是黑的，像最细的丝一样的光滑，放松的时候就直挂了下来，盖在她的象牙色的脸上发亮。她的嘴唇是薄的，差不多没有颜色，她的手是尖形的，敏捷的手，握紧了只见指节，张开了只见指条。

玛丽爱极了她的母亲。她的母亲也爱极了她的女儿，她的爱是一种剧烈的热情，有时发作凶猛的搂抱。每次她的母亲搂住了她，时候稍为长一点，就出眼泪，抱紧了她的女儿一左一右的摇着。她那一把抓得凶极了，可怜的玛丽连气都转不过来；但是她宁可耐着，不愿意妨碍她妈亲热的表情。她倒是在那样搂抱的凶恶中感到几分乐趣，她宁可吃一点小苦的。

她妈每天一早就出去做工，往往不到晚上不回家的。她是个做短工的佣妇，她的工作是洗擦房间与收拾楼梯。她也会得烧饭做菜，有时有针线活计她也做的。她做过最精致的衣服，年轻美丽的姑娘们穿了去跳舞或是去游玩的；她也做上品的白衬衫，那是体面的先生们宴会时穿的；还有花饰的背心为爱时髦的少年们做的，长统的丝袜子跳舞用的——那是从前的事情了，因为她做成好看给别人拿走，她就生气，她往往咒骂到她那里来拿东西的人，有时她发了疯，竟是把做好的鲜艳的衣服撕烂了，用脚践踏着，口里高声的叫喊。

她时常哭泣因为她是不富。有时她做了工回家的时候，她爱假定她是有钱了的；她就凭空的幻想有某人故了，剩下给她一份大家产，或是她兄弟伯德哥从美洲发了大财回来了，她那时就告诉玛丽明天想买这样，做那样。玛丽也爱那个……明天早上第一件事是搬家，搬到一所大房子去，背后有花园，园里满是鲜花满是唱歌儿的鸟。屋子的前面是一大块草地，可以拍网球，可以傍着秀气的雅致的年轻人散步，他们有的是俊俏的脸子与雪白的手，他们会说法文，很殷勤的鞠躬，手里拿着的帽子差一点碰着地。她们要用十二个底下人——六个男佣人，六个女佣人——都是很伶俐的，他们每星期拿十先令的工钱，外加膳宿；他们每星期有两晚可以自由，他们的饭也吃得很好的。她们要制备无数的好衣服，穿了在街道上散步的衣服与坐马车兜风的衣服，还有骑马衣与旅行的服装。还要做一件银红丝绸的礼服，镶领是阔条的花边，一件黄酿色缎子的，胸前挂着黄金的项链，一件最细洁的白纱的，腰边插一朵大红的玫瑰。还要黑丝的长袜用红丝线结出古怪的花样，银丝的围巾，有的绣着鲜花与精致的人物。

她妈打算这样那样的时候，她心里就高兴了，但是不久她又哭了，把她的女儿狠劲的搂在胸前摇着，搂得她叫痛。

二

每天早上六点钟，玛丽姑娘爬出了床，起来点旺了炉火。这火却是不容易点着，因为烟囱许久没有打扫过，又没有风可以借力。她们家里又从没有柴条，就把乱纸团成小球儿垫着，把昨夜烧剩的炭屑铺上，再添上一把小煤块算数。有时一会儿火焰就窜了上来，她就快活，但是有时三次四次都点不旺，往往点到六次都有，点着了火，还得使用一点小瓶子里的煤油——几条烂布头浸透了油，放在火里，再用一张报纸围着壁炉的铁格子，火头就旺，一小锅子的水一会儿就可以烧熟；不过这样的引火法容易把油味儿烟进水去，开出来的茶就是一股怪味，除了为省钱再没有人愿意喝的。

莫须有太太爱在床里多偎一会儿。她们屋子里也没有桌子，玛丽就把两杯茶一罐炼乳，一小块的面包放在床上，她们母女俩就是这样吃她们的早点。

早上玛丽一张开眼，她妈就不断的讲话了。她把上一天的事情都背了一遍，又把今天她要去的地方，及可以赚一点小钱的机会都一一的说了。她也打算收拾这间屋子，重新裱糊墙壁，打扫烟囱，填塞鼠穴——一共有三个，一个在火炉格子的左边，还有两个在床底下。玛丽有好几夜只是醒着，听他们的牙齿啃着壁脚。他们的小腿在地板上赛跑。她妈还打算去买一块土耳其线毯铺在地板上，她明知道油布或是席布容易出灰，但是他们没有土耳其毯子好看，也没有那样光滑。她打算着种种的改良，她的女儿也是十二分的赞成。她们要买一个红木抽屉衣柜靠着这边墙上，买一架紫檀大钢琴贴着那边墙上。一架白铜的炉围，火钳火杆也都是铜的，一把烧水用的铜壶，一个烧白薯与煎肉用的小铁盘；玛丽等身大的一幅油画挂在炉架的上面，她母亲的画用金框子装了挂在窗的一面，还要一幅画着一只纽芬兰的大狗偃卧在一只桶里，一只稀小的猎狗爬过来与他做朋友，还要一幅是黑人与白兵打仗的。

她妈一听得隔壁房间出来迟重的脚步声走下楼梯去，她就知道她应该起来了。一个工人和他的妻子、六个小孩住着。隔壁门一响，她就跳了起来，快快的穿上衣服，着忙似的逃出了屋子。她妈出了门，玛丽没有事做，往往又上床去睡一两个钟头。睡够了她起来，铺好了床，收拾了房间，走出门上街去闲步，或是圣史蒂芬公园里去坐着。公园里的鸟雀她全认得，有的已经生了小鸟的，有的正怀着小鸟的，有的从没有生过小鸟的——最后的一种大都是雄的，他们自有他们不生小雀儿的道理，玛丽却是懂不得，她只是可怜他们没有孩子，成心多喂他们一些面包屑，算是安慰他们的意思。她爱看那些乳鸭子跟着他们母亲泅水：他们胆子很大，竟会得一直冲到人站着的岸边，使了很大的劲伸出小扁嘴去捡起一点不相干的东西，快活的吞了下去。那只母鸭子稳稳的在她儿女的附近泳着，嘴里低声的向他们唱着种种的警告、指导、埋怨的口号。玛丽心里想那些小鸭子真是聪明，水泳得那么好。她爱他们，旁边没有人的时候她就学他们的娘低声的唱着口号，但是她也不常试，因为她怕她的口号的意义不对，也许教错了这群孩子，或是与他们的妈教他们的话不合式。

湖上那座桥是一个好玩的地方。有太阳的一边，一大群的鸭子竖直了尾梢，头浸没在水里导东西吃，水面上只剩了半个鸭子。有荫的一面好几百的鳗鱼在水里泅着。鳗鱼是顶奇怪的东西，有许多像缎带一样的薄，有些又圆又肥像粗绳子似的。他们像是从不打架的，那小鸭子那样的小，但是大鳗鱼从不欺侮他们，就是有时他们泅水下去他们也不理会。有的鳗鱼游得顶慢，看看这边看看那边，像是没有事做，又像乡下人进城似的，有的溜得快极了，一霎眼就看不见了。玛丽心里想泅得快的鳗鱼一定是为听得他们的小孩子在哭；她想一个小鱼哭的时候不知道她妈看不看得出他的眼泪，因为水里已经有那么多的水，她又想也许他们一哭就哭出一大块硬硬的，那是很容易看得见的。

看过了鱼，她就到花坛那边去看，有的形状像有棱角的星，有的是圆形的，有的是方的。她最爱那星形的花坛，她也爱那圆形，她最不喜那方的。但是她爱所有的花，她常常替花儿编故事。

看过了花，肚子饿了，她就回家去吃午饭。她从葛莱夫登路的夏康内尔路那边回家。她总是从马路右手的走道回家。一路看店铺陈列的窗柜，回头吃过了中饭再出来，她就走左边的走道，照样的一家家看过去，她所以每天都知道城子里到了什么新鲜的东西，晚上就告诉她妈说孟宁那家窗子里那件西班牙花边滚口的黑绸衫已经换了一件红色的长袍，肩上有折裥，袖口配着爱尔兰花边的；或是永生珠宝铺里那颗定价一百镑的金刚钻已经收进了去，现在摆着的是一盒亮银的胸针与蓝珐琅。

在晚上，她妈领着她到各家戏院的门前去走一转，看进戏院的人与放在路边的戏广告。她们回家吃晚饭的时候，她们就凭着她们方才看过的广告相片来猜想各家戏里的情节，所以她们每晚上床以前总是有很多的话讲的。玛丽在晚上讲话最多，但是她妈早上讲话最多。

三

她妈有时也提起她的婚事，这是还远着，但是总有那么一天的；她说这事还远着倒叫玛丽着急；她知道一个女孩子总得嫁人的，总有那么一天，一个陌生的美丽的男子从一处地方来求婚，等到成了婚，他就同了他的新娘，重新回转他从来的地方，那就是温柔乡。有时候（她一想就想着）他穿了军装，骑在红棕色的马上，他头盔上的缨须在青林里的树叶间飘着。或者他是站在飞快的一只船头上来的，他的黄金的盔甲上反射着烈火似的阳光。或是在一块青草的平原，风一般的快捷，他来了，跑着，跳着，笑着。

一讲到婚事她妈就仔细的品评那新郎的人品，他的了不得的才具，他的更了不得的财产，他的相貌的壮丽，穷人与富人对他一体的敬爱。她也要一件一件的讨论给她女儿的妆奁，将来新郎给她与给女傧相的种种奢侈的礼物，还有新郎家里给这一双新夫妇更值钱的宝贝。照这样的计算，新郎至少是一个爵士、贵族。玛丽就来寻根掘底的盘问一个爵士的身分种种，她妈的答案也是一样的细腻，一样的丰富。

一个爵士出世的时候他的摇篮是银子的，他死的时候他的尸体是放在一个金盒子里，金盒子放在一个橡木的棺材里，橡木棺又放在铅制的外椁里，铅椁又放在一个巨大的石柜里。他的一生只是在逍遥与快乐的旋涡里急转着。他的府第的周围好几里都是软美的青草地与香熟的果子园与啸响的青林，在林子里他不是带了欢笑的同伴打猎，便是伴着他的夫人温柔的散步。他的侍从有好几千，谁都愿意为他尽忠，他的资财的多少是无法计算的，都是堆积在地屋里，这里面低隘的甬道曲折的引到铁壁似的房窖里。

玛丽很愿意嫁给一个爵士。假如她轻盈的在林子里走着，或是独自在海边站着，或是在和风吹着长梗的草堆里躺着的时候，他要是来了，她愿意把她的手放在他的手掌里，跟了他去，从此就爱定了他。但是她不信现在的世界上还有这样如意的事情，她妈也不信。现在的世界！她妈侧着眼看现代的日子，满心只是轻蔑与恚怒。下流、丑陋的日子，下流、丑陋的生活，下流、丑陋的人，她妈说，现在的世界就是这么一回事，她接着又讲她去收拾屋子她去擦楼梯的人家，她那老象牙的脸上就从她漆黑鬓发边泛出火来，她的深沉的黑眼也转动起来，一直变成两块黑玉似的硬性与呆顿，她的手一开一放的，一会儿只见指节，一会儿只见指条。

但是玛丽渐渐的明白了，结婚是实事，不是故事，而且也不知怎的，结婚的一种情趣依旧是黏附着的，虽则她现住的屋子里只见是纷扰的家室，她常走的道上也只见是不出奇的配偶……那些灰色生活的，阴沉性质的人们也还有一点的火星在他们苦窘的经络里冒着烟。六尺深是埋不了人生的情趣的，除非泥土把我们的骨头胶住了，这一点火星总还在那里冒烟，总还可以扇得旺，也许有一天火焰窜了上来，飞度了一乡一镇，还可以温热许多僵缩的人们的冷手哩。

那些男男女女怎样的合成配偶的？她还懂不得那基本的原则，永远鼓动着男性去会合女性。她还不明白男女性是个生理的差别，她只当是服饰的不同，有胡子与没有胡子的事情；但是她已经开始发见男子的一种特别的兴趣。路上那些急走的或是停逗的陌生人中也许有一个是运定做她的丈夫的。假如有一个男子忽然留住了脚步，上前来向她求婚，她也不会觉得离奇的。她觉得这是男子们唯一的事情，她再不能寻出第二个理由为什么世界有了女子要有男子，要是果然有人突然的向她求婚，她便应该怎样的答复他，这倒把玛丽难住了；她也许回答说，“是，多谢你，先生。”因为平常一个男子求人替他做一件事，她总是愿意效劳的。年轻人尤其有一种吸力，她总想不出为什么，有一点子特别的有趣在年轻人的身上；她很愿意去和他们握一次手，究竟怎样的比一个女子不同。她设想就是她让男子打了一下，她也不会得介意的，但是她看了男子行动的强健，她可猜想他们一定可以打得很重——还不是一样让男子打一下的意思，她总觉得脱不了一种可怕的有趣。她有一次无意的问她妈有没有让一个男子打过；她妈一阵子没有开口，忽然大哭起来，玛丽唬了一大跳。她赶快投入了她妈的怀里，让她狠劲的摇着，可怜她哪里懂得她妈突然的伤心，但是她妈却是始终不曾回答玛丽问她的话。

四

每天下午，总有一队巡士从学院警察派出所里排成了又郑重又威严的单行出来。他们走到一处岗位，就有一个巡士站住了，整饬了他的腰带，捻齐了他的胡子，望上街看看，望下街张张，看有刑犯没有，他就站定在那里看管他日常的职务。

在诺沙街与沙福克街交叉过葛莱夫登大街那里，总有一位魁伟的宝货离开了他的队伍站定了，他在路中心高高的矗着，仿佛是一座安全与法律的牌坊，一直要到晚上换班时，方才再与他的同伴合伙。

也许这一个交叉路口要算是都白林城里最有趣的地方。站在这里望开去，葛莱夫登大街上两排辉煌的店铺弧形的一直联到圣史蒂芬公园，尽头处是一座石门，原来叫做浮雪里，本地人重新定名为叛逆门。诺沙街在左，宽敞，洁净，穿度梅里昂方衢，直接黑石与王镇等处及海边。沙福克街在右，不如诺沙街的开朗与爽恺，曲曲的上通圣安得罗的礼拜寺，羞怯似的微触南城市场，低入了乔治街，再过去便是些纷沓的小巷了。交叉口的这一面，葛莱夫登街又延过大学院（在大门口年轻的大学生卖弄着他们烂破的学袍，抽着他们怪相的烟斗），掠着爱尔兰银行，直到栗薇河，河边那条街好胜的本地人硬要叫做夏康内尔街，倔强的外国人，却偏要叫做撒克维尔街。

这里也是全城车辆与行人的交会处，所以总有一位雄伟的巡士先生站着。铛又铛的市街电车到推伦纽注，到唐耐伯洛克，或到达尔基的，不绝的在转角上飞骋着；集中在梅里昂方衢一带的时髦医生也是马车汽车的满街上乱颠着；大街上店铺里的货车等等也是急急的飞奔着。四点钟左右出来散步的仕女们，各方面来的车辆与行人，自行车与双轮汽油车，电车与汽车，一齐奔辏到那单身的巡士站着的地方，看着他的又严厉又宽和的目光的指挥。赶街车的都是与他熟识的，他的眼角的微瞅是在照会那些脸上红红的口角笑吟吟的马车夫飞过来的眼风，还有那些赶着赚不到钱看相凄凉的街车夫，一脸的紫气与无聊的气概的，他也少不得要招呼的。就是溜踏着的仕女们也避不了他那包罗万象的目光。他的伟大的脑壳不时的点着，他的老练的手指不时的驱挥着有数的靠不住的手脚，他也偶尔闪露着他的宽阔的、洁白的牙齿，应酬着爱嘻哈的少女，或是他相识的妇女，她们就爱他那一下子。

每天下午玛丽吃过了中饭又从家里出来，就到这个最热闹的地方。这位奇伟的巡士先生的样儿她心里爱上了。这还不是一个理想的男子汉，他那样儿多雄壮，多伟大。想像他那狠的粗大拳头使劲的扎下来！

她想像一个英雄打架时的身手，晃着他的大拳，高高的举着，霹雳似的栽下来，什么也挡不住，谁也熬不起——一只遮天的霸王的大手。她也爱瞧着他那两边晃着的大脑袋，他那镇定的骄傲的大乌珠——一双压得住、分得清、断得定的大眼睛。她从不曾准对他的眼光：她看了他的，自己就萎了下去，像一个耗子对着猫儿的神睛畏畏缩缩的躲回了他的鼠洞。她常常躲在一家药房门前的那块石柱旁瞄着他，或是假装要搭电车，站在马路的那一边；她又掩在那家眼镜铺子过去一点的柱子边偷偷的觑了他一眼，赶快又把眼光闪了开去，只算是看街上的车了。她自以为他没有瞧着她，但是什么事也逃不了他的眼。他的事情就是看着管着：他第一次见了她就把她写录在他巡士脑筋里的纪事簿上；他每天都见她，后来他就成心去瞧着她，他乐意她那偷偷的劲儿；有一天她的怕羞的、怯懦的眼光让他的罩住了。他那眼从上面望下来盖住了她——整个的世界，像是全变成了一只大眼——竟像是着了魔，她再也逃不了。

等到她神智清醒过来的时候，她已经站在圣史蒂芬公园的池边，全身只是又骇又喜的狂跳。那天晚上她没有走原路回家，她再不敢冒险去步行那伟大的生机体，她绕了一个圈子回家，但是她并没有觉得走远了。

那天晚上她在她妈跟前说话比往夜少。她妈见她少开口，怕她有心事，问她要铜子不要——她脑筋里就是钱。玛丽说没有想什么，她就想睡，她就张开下巴打哈欠——哈欠是装的，答话也没有老实。她上床去也有好一会儿没有睡着。她开了眼对着屋子里阴沉的黑暗尽看，也没有理会她妈凶恶的梦话，她在大声的问睡乡要她醒着的世界里要不到的东西。

五

这是玛丽的模样儿：——她有浅色的头发，很柔也很密；她要一放松就落了下来，简直像水一样的冲了下来，齐着她的腰，有时她散披了在房里走着，发丝很美的弧形似的笼着她的头，逼缩的掩住她的颈凹，宽荡的散掠着她的肩，随着她走路的身段激成各式的浪纹；涌着，萎着，颤着；她的发梢是又柔又缓的像水沫，又亮又光的像纯粹的淡金。在屋子里她不束发的时候多，因为她妈就爱那散披着头发的小姑娘的意思，有时她还要她女儿解了外裳，单穿着白衬裙，更看得年轻。她的头形长得很娇柔，很软和；她把头发全攒在头上的时候，她那娇小的头像是载不住发重似的。她的眼睛是澄清的，灰色的，又温柔，又羞怯的隐在厚重的眼睑下，平常她的眼只看是半开似的，她又常常的看着地，不很放平着眼直瞧；她看人也就只一瞬，轻翻着，轻溜着，轻转着，一会子又沉了下去；还有，她要是对着谁看，她就微微的笑着，像是告罪她自己的卤莽。她有一张小小的白脸，有几点与几处角度很像她母亲的，但她母亲那鸟喙形紧皮的鼻子却是不在玛丽的脸上；她的鼻梁收敛得紧紧的，鼻尖也就只些微的一放，刚够看得见。

她妈就爱那小鼻子，像是害臊，不很敢出头露面似的。现在她们站在她们那面镜子前，镜面有一条大裂缝儿从右手的顶角斜着下来，喝醉了似的，直到左手的底角，还有两块交叉儿的破绽，一上一下的，在镜面的当中。

所以谁要照镜的时候，一个脸子就变成四个古怪的相儿，顶可怕的；耳朵也许蒙着嘴唇，眼睛吊在下巴上诡怪的张着瞧。但是也还有法子照，她们用惯了知道破玻璃的脾气，就是偶然准头错了变了相，也不觉得可怕了。

每回她们娘儿俩并肩儿站着照相，莫须有太太总是仔细的品评镜子里的一双脸子，她点着她自己真正靠得住的鼻子又说她当初丈夫的鼻子也是顶有分量的，她的女儿的鼻子为什么只有那么一点儿！除非她们上代或是旁支曾经有过小鼻子的种；她就历数着她的姊姊妹妹，一大群的姑母与祖姑母，从往古的坟里翻起历代的祖宗，叫所有死透了的鼻子重新活过来比着瞧。玛丽听着她妈那样科学的研究鼻子，她就张着她的害羞的好奇的眼微微的笑着，像是道歉她那呼吸器官的缺憾，回头她妈就亲她的脸上的精品，赌咒的说这是世界上最可爱的一个小鼻子了。

"大鼻子有人合式，"莫须有太太说，"有人可不合式，你要有了一个大的就不合式，我的乖。黑头发的，高身材的，军官先生们，法官，卖药的，他们的鼻子长得大神气；像你这样又小又白的人，可受不了大鼻子。我喜欢我自己的鼻子，"她又接着说，"我做小姑娘的时候在学堂里，同学的女孩子们全笑我的鼻子，可是我总是愿意他的，看熟了别人也就不讨厌了。"

玛丽的手脚，是又瘦小又软弱的，她的手掌比什么东西都软；她的掌上有五个小的、粉红色的肉垫子：从小拇指那里起有一个顶小的垫子，过去一个大一点，再过去更大一点，直到那大拇指底下的那个顶大的，匀匀的排着，看得顶整齐的。她妈有时爱亲这五块小垫子，她扳着一根指头，叫着她的名字，亲了一下嘴，再来第二个，这是玛丽的指头的名字——汤姆塔姆根斯，威利温各尔斯，郎但尼儿，塔西鲍勃推儿，最小弟小弟是的。

她的瘦小的女孩子的身材，现在正在发长到成人的体态，原来髫年的平直的肌肤渐渐的辨认出一半弧的曲线，渐渐的幻成了轻盈的酥肌，至微的起落引起某角度的颤震，隐隐的显示着将次圆满的妙趣。她有时也感觉着这些新来的扰动，她只得益发的矜持她原来无拘束的行动。

她母亲当然是很关心的注意着这渐放的春苞，有时不禁自喜与自傲，但亦往往私自的嗔着她的小姑娘，也不免长成一个大姑娘。她真的愿意玛丽永远是一个天真烂漫的孩子；她怕玛丽有一天完全的长成了妇人，那时便许有种种的不便阻碍她们母女间自然的活泼的情景。一个成年的女子也许不再愿意受人看护，不比小女子永远是依人的小鸟；莫须有太太就怕那不愿意，事实上玛丽的确已经感觉到一个苏醒着的肉体与新奇的温暖的戟刺，她妈只当她小孩似的养育与日常慈爱的拥抱渐渐的不能使她满足。她有时私自的想她也来把她搂在她的胸前，一样的温存的摇着，轻唤着宠惜的小语，缓吻着怀里的头顶与半掩的腮弧，但她却不敢尝试，怕惹她妈生气。这一点她妈是不容易让步的，她爱她的姑娘去亲吻她，轻抚着她的手与面，但她却不愿她的女儿来僭试母亲的特权，也从不曾纵容她玩偶的习惯，她是阿妈，玛丽是囡囡，她不肯让步她做娘的身分，即使是偶尔的游戏。

六

玛丽已经十六岁了，但她却不曾有工作；她妈不愿意她的小女儿去尝试劳苦的工役——唯一的职业她能替她想法的，就是帮助她自己佣工的生活。她打算把玛丽送到一家店铺，一家衣服店或是相类的行业，但那个时候也还远着。“况且，”莫须有太太说，“要是我们再等上一年半载，也许有别的运气碰出来。你的舅舅，他到美国去了二十年了，也许会得回来，他要是回来，你就用不着去做事了，乖乖，我也用不着了。再不然过路的人也许看上了你来向你求婚；那都是说不定会来的。”她有无数的计划，她想像无数的偶然，都可以助成她女儿的安乐与光大她自己的尊荣。所以玛丽在她妈出去佣工的时候（她差不多除了星期是每天去的）总是闲着，随她自己爱怎么玩。有时她住在家里不出去。她在楼顶上后背的屋子里缝衣服或是结线，修补被单与毛毡上的破绽，或是念她从开博尔街的公共图书馆里借来的书。但是照例，她收拾了屋子以后，她愿意出门去在街上闲走着，爱上哪儿就哪儿，逛着不曾走过的街道，看着店铺与居民。

有许多人都是面熟的；差不多每天她总在这里或那里看见他们，她对于他们觉得有一种朋友的感情，她常常跟着他们走一小段路；整天的寂寞往往像一种重量似的压在她身上，所以虽然这些面熟陌生的脸子做她远远的伴儿，她也安慰了。她愿意在这人群里打听出几个是什么人。——其中有一个是有棕色长胡子的高个儿，他穿着笨重的大氅好像穿着一把铁铲似的；他戴着一副眼镜，他的眼睛是蓝色的，好像永远要发笑；他一路去也是看着店铺，他好像人人都认识。每走几步路便有人停步与他握手，但是这些人从来不开口的，因为这个棕色长胡子的高个儿一见他们便刺刺不休的来一大阵，使他们没有说话的分儿，要是身边没有人的时候他便自言自语的咕啰着。到了那种时候他眼睛里看不见一个人，人家都得让开道来让他摇头摆脑的，两眼注视远远的一个地方，迈着大步望前走。有一两次玛丽在他身边经过，听见他独自唱着世界上最悲痛的歌。还有一个人——一个瘦长黑脸的男子——他的样子很年轻，他常自在窃笑；他的两片嘴唇永远没有休息过一分钟，有几次他从玛丽身边走过，她听见他嗡嗡的像只大蜜蜂。他从没有停步同一个人握过手，虽然有许多人向他行礼，他并不理会，自己却窃笑着，轻轻的哼着，放开脚步直望前走。还有第三个人她常常注意的：这人身上的衣服好像已经穿上了许久，一向没有脱下过似的。他有一张长长的苍白脸，一片漆黑的胡须悬挂在一张很美丽的嘴上。他的眼睛很大很无精神，并且不大像人的眼睛；它们会斜着瞟——一种最亲密的，有意的瞟。有的时候他除了走道什么也看不见，有时却什么都看见。有一次他看了看玛丽，把她吓了一跳，当时她脑中就发生一个奇怪的念头，仿佛这个人她在几百年前曾经认识过，而他也还记得她似的。她心里怕他，可是又喜欢他，因为他的样子很文雅，很——他还有一种样子玛丽想不出一个字来可以形容的，但是这种样子仿佛在许多年以前她曾见过似的。此外还有一个矮小，清秀，苍白脸儿的男子，这人的模样好像他是世上最疲劳的人，他总像心里有心思似的，但是没有旁人那样的古怪。他又像永远在那里倒嚼他的记忆；他看看旁人，似乎都引起他回忆那些久已故去的人们，而对于这些故去的人他只有思念，并不悲悼。他虽在人群之中仍是一个孤独的人，他有一种冷峭的态度；就是他的笑也是冷峭的，孤高的。他在路上走过时，玛丽看见许多人都拿肘子互相轻轻的一推转过脸来又看了看他，便咬着耳朵唧唧哝哝走去了。

这些人以及许多旁人她差不多每天看见，她常常带着一种朋友的感情去留心他们。别的时候她走到一排站在栗薇河边的码头上，望着基内斯的那些快船吹着气顺着河流而下，与几千白鸥在黑水面上忽起忽落的玩着。后来她又走到凤凰公园，那里有人比赛板球与足球，也有些年轻的男子与姑娘们抛球的，也有孩子们玩着放鹰捉兔的，也有追人的，也有在日光底下跳舞、叫嚷的。她的妈每逢没有工作的日子最欢喜带她去逛凤凰公园。离开了那条又大又白的马路，这条马路上有许多脚踏车，汽车接连不断的，射箭似的飞过，走不上几步便有几条清净的小路，路上阴森森的遮满了大树与荆树的丛林的影子。在这路上你走了半天可以遇不见一个人，你可以随便躺在树荫下的草上或看着日光射在绿草地上与在树林里闪烁。这地方是非常的寂静，住在城内的人初见此地一定很感到惊奇、美丽，并且这也稀奇：在这白日之下举目看不见一人，除了那绿草的随风翻叠，树枝儿的轻轻摇动与蜜蜂、蝴蝶、小鸟的没有声息的飞翔之外没有一点别的动静。

这些东西玛丽看了都爱，但是她妈却爱看孩子们的跳舞，汽车的奔忙，那些身上穿着鲜艳的衣服，手里举着美丽的洋伞的来往的人们与休息日的各色各样的情景。

七

一天早晨玛丽跳下床来点着了火。她很惊奇这一次会这样容易点着：洋火刚凑近，火焰便直向黑烟囱里窜上去，这件事使她觉得对于这世界是没有困难的。她妈还在床上偎着，比往日格外高兴的讲着话。这时将近六点，初夏的阳光照满了那扇积满尘垢的窗子。头天晚上的邮差送来一张邮片给莫须有太太，要她去见一位叫奥康诺太太的，这位太太的房子是在阿库耳街上。当然这是整天的工作了——又是一个新主人。

莫须有太太的雇主永远是新的。她在她的雇主家里看见她们自己有房子，又把她完全当做奴隶使，不上几天，她便怨了。有时她瞪眼看着她们的黑绸围裙，往往看得她们发气，等到她们设法要叫她躲开，叫她耽在她应该耽的地方，她便批评她们的相貌，她们的行为，批评得她们立刻要撵她出去，还要教唆她们的丈夫去难为她。

莫须有太太尽在那里猜想究竟是谁把她介绍给这位新主人，并且这样的介绍信用什么赞美词句写的。她又在盘算向例是一先令六便士一天，现在该不该要求一先令九便士。假使那一家是个大家庭，这位新主人也许一星期不止找她一次咧。还有，这一家里除了这位太太也许还有别人，说不定他们会找点小事给她做——针线活或是送信或是这类可以赚点小钱的事情；她自信凡是女子擅长的事情她都情愿并且能够担任，做得好好的。以先她做过一家，那家住着一位先生，有一次他叫她出去买两打啤酒，她把啤酒带回到家，这位先生谢了她以外，又赏给她一个先令。许多类此的事情使她对于人类的信仰常常保持新鲜。她做过的人家里一定还有许多手敞的先生，像这样的人奥康诺太太家里不一定还不止一个呢。老天知道，也有许多小气的人，这种人差人送了信，因为他让别人给他做了工，还希望他自己得赏赐的。莫须有太太对于这种啬刻鬼所用的各种样咒诅的字眼正抵得上他们的逐一的过失；但是她并不理会这种人，在一个光明的世界里他们算不得重要的。一到晚上她又会相信他们的可怕的存在，但是在那时候之先，这个世上一定住满了许多善心的人。她举出许多她所认识的，这些人总是先付工钱，先给东西，不是一定希望，实在不希望，什么报酬的。

这时候那把茶壶很勉强的放平在床上，她的一条腿上放着两杯茶，另一条上一罐炼乳，还有一块四分之三大的面包，玛丽很小心的坐下去，吃这一顿早点的时候，她母亲从她自己的好记性里翻出一张做好事的目录，这些好事有的是她身受的，有的是她眼见的。玛丽听完了又把她自己经历的事情补足了她母亲的背诵。她常常看见街上一个男子给一位老太太一个便士。她也常见老太太们把东西舍给别的老太太们。她知道有许多人不要卖报的孩子找回那半个便士。莫须有太太称赞这种办法公道；她承认假使她自己在一个不必计较的地位，她也会这样做；但是一个人等到赚面包过日子成了她每天的问题，而且她不一定对付得了这问题的日常变样的情形，那她可就不能太随便了——“干，干，干，”莫须有太太说，“那是我的生命，假使我一天不干……”她将她的瘦薄的手一摆，摆到那恐怖的乌有乡去了。她的主张是有余的人应该把他的余剩送给不足的人。她一见那孤苦伶仃的人踯躅道中，隔着面包房与糖食店的玻璃窗子探头张望，与那些抱在没人周济的手里的孩子，她很难过，心早像针刺似的痛苦！想到这些事情，她说，不为她肚子饿，她吃的每口饭一定梗住了不能下咽。但是也许，她举目沉思向那扇金黄色的窗子一望，也许这些穷人内里没有像他们的外表那样穷苦：的确，他们总有方法养活的，这种方法旁人不知道罢了。不一定他们会从善心人的手里得到许多钱，行好事人家门口得到些食物，或是这里与那里得到几件布施下来的衣服、零碎东西，假使这种衣服、东西，他们不穿、不用，他们也知道怎样处置。这类人一定很知道许多极端的方法！没有一条阴沟因为太低而不去抓挠的，没有一个老鼠洞因为太低而不去搜括抓挠的，一扇大门代表一件可以爬过去的东西：一扇敞着的门意思就是欢迎，一扇紧闭的就是拒绝。他们躲在法律的篱笆下，越过道德的带刺的铁丝网，可以同样的不受伤害，并且这些受苦受到极端而不能再苦的人们对于无论多严酷的刑罚都不怕的。这种人失望得不知所措的样子，受打击而无告的情形与他们的憔悴的脸儿、朦胧的眼睛可以认作他们的货物，一把感动人心的，解人钱袋的，开人家门户的钥匙。那是一定的，因为这时熊熊的日光正照耀着，小鸟儿隔着草地不极远的正唱着歌，四面围墙的花园里一群孩子在果木林里、花丛里正乱叫乱跳着。她会相信这种道理，因为这是早晨，是人们应该相信的时候，但是到了晚上，她又会讥笑这样轻易的信念，她脱下了衣服，便会看出人类的瘦弱的肋骨。

八

她妈走后，玛丽便收拾屋子，做那些整理一间小屋必须做的各样事情。有几片裱糊的纸在墙上松松的飘着；这些须用邮票边黏上的。那只床得要铺好的，地板也得要擦的，还有许多杂碎的东西，该刷的刷，该拍的拍，都得整理。她那有数的几件衣服也得搬出来缝缝脱线的扣子，修补破绽是使她练习注意的一种职务。她的衣服向来是她妈给做的，她妈曾出过名，是一位做好活的老手，所以她穿的衣服比别的小姑娘的衣服格外有样。穿珠子、改珠子是她最常做的、最高兴的一件工作。她有四串不同的项链，代表从一便士公司（这个公司里的货物每件都卖一便士）里买来的四种不同的一便士一串的珠子。一串是绿的，一串是红的，一串是真珠色的，还有一串是杂色杂样的。这些珠子好好的选择一下，只费上半点多钟的容易工作，便可以穿成一串很美丽的新项链。

这天因为有太阳，所以她取出一套白色的衣服，她在这上头很费点工夫。这件衣服曾缝着五个摺裥，一个又一个的已经放开过四个。这是剩下的最末一个，现在也须放开的，这件衣服虽已这样的额外放长，但还是高高的吊在她脚踝上飘荡着。她妈以先允许过等她有了工夫要给她添上一条假边，今天玛丽决意一等她妈做完工回来，便要提醒她这个允许。她擦亮了她的皮鞋，穿上那套白的衣服，于是走到那面有裂缝的镜子面前梳起她的头发。向来她的头很单简。她先从上面一直梳下去，再从中间对劈开，卷成一个大球紧贴在她的后颈骨上。她几次想要烫头发，真的，她的头发一烫便曲的。但是这件事情她曾请问过她妈，她妈说，烫头发不是上等的，只有极小的小孩与女戏子好习这种小花巧，这正是显露她们心理的柔弱，至于有规矩人是很少烫的。况且烫起来也太费工夫，烫好了一遇见空中的湿气，立刻就会松下来，变成很丑的烂泥似的一摊，因此，除了去跳舞，去野游，烫头发是用不着的。

玛丽梳完头，迟疑不决的拣选一会项链子。那串真珠色的确是好看，但是人家一看就知道是假货。像这样大的真珠价钱一定不轻。并且戴假珠子太有点孩子气，近来她不愿戴了。现在她已是成人了。放下那最末的摺裥分明表示她又到一个时期，正如她梳起头发的时期一样的分明。她愿意她的衣服一直拖到脚后跟，这样她便有很正当的理由可以用手提着她的裙子。她妈老不给她装那条假边，她等得有点不耐烦了。假使她妈已经把它剪了出来，她自己也会缀上的，但是今天也只好这一件了。她希望有一串红珊瑚，不要珠子似的圆形的，是要有齿的十字形的——一串够绕脖子两圈还可以挂到胸前的。假使她有那么长的一串，她便把它剪下一段来做一只手镯。她爱看这样一只手镯斜挂在她的手腕上。

今天的天气好像戴红的最合式，她便从盒子里拿出那串红的戴上。鲜红的颜色映在白衣服上真美丽，但是——她还不十分满意：嫌它太硬。她又重复把它收在盒子里，另外取出一根乌绒带子挂在脖子上，她觉得这一根好些。她戴上帽子；这是一顶草帽，已经洗过许多次了，帽子沿着一条阔的乌绒带。她最希望有一条三寸阔乌绒腰带围在她的腰上，她妈礼拜日穿的裙子就有这么一条，但是，这当然是不能碰的；假使她问她妈要，说不定她会给她。其实那条裙子没有它也不难看，要是她妈知道这条带子配在她腰上怎样好看，她一定会给她。

她对镜子最后照了一照，便出门转向码头那边，望着凤凰公园走去。这时强烈的日光照得满街格外的分明。压在重大的草堆底下的马一点不觉重量似的拉着它们的货物。那些身材高大，脸儿赤紫的赶马夫很自在的向后倚着，他们的硬顶帽子高高的掀在额角上，他们的眼睛对着日光眯着细缝。市街的电车亮得像大宝石似的不绝的飞过，一辆辆游客的汽车也急急的在大街上奔跑，那些脸上笑嘻嘻的，坐在车前的马夫一颠一颠的过去的时候，都向玛丽挤眉弄眼睛。这些人在街上来来往往好像都很满足，都很高兴似的。这时正是一点钟，从各种公事房里、店铺子里出来的许多年少的男男女女都急急忙忙的走去吃中饭；但是没有一个少年走得很急的，在他们低头钻进一爿价钱便宜的饭馆或一个更便宜的酒店去吃饭之先，总是很景仰的望玛丽几眼。河内的白鸥缓缓的迂远的在空中盘旋，忽而下降，轻轻的在水面掠过，旋又用它们轻巧、倾斜的翅膀翻向上来。每隔几分钟必有一艘满载大木桶的货船吹着气像箭一般的向桥下射过。所有这些货船都有很雅致的名字。船上的人优游自在的坐在那些大木桶上，一面吸着烟，一面你一句我一句的缓缓的谈着天。头顶上蔚蓝的奇丽的天空无限的遥远，水平线内充满了光明与温暖。玛丽缓缓的走近公园。她很觉高兴。有时一点黑影在她脑中一闪，但这黑影并不蒙蔽她心中的光明，反将它烘托得额外的清晰。她愿意她的裙子很长，可以轻轻的提起，如同在她前面走的那个女子：一手提着裙子，手腕上一只金链的软镯低垂在那戴着洁白手套的手上，链子的每个衔接的地方都嵌着一块蓝色宝石，日光在这宝石上闪烁的跳跃。玛丽希望有一只细长的红珊瑚的手镯；也要一直挂到她的手掌，也要在日光里看了很可爱的，她想这一定比那个女子戴的手镯更好看。

九

她在公园里走了一回。穿过路旁的栏杆可以看见许多花坛。这些花坛作成各种式样——星形的，方形的，十字形的，圆形的，各色样的花卉铺陈出无数精巧的花样。一个极大的星形，靠下两个角尖里两堆嫣红灿烂的鲜花，中心嵌着一堆很稠密、很触目的黄花。还有那些圆形的花坛，内部一圈套一圈的，每圈一个颜色。又有一种三圈一个颜色的相间着——三圈白的，三圈紫的，三圈橙黄的，一圈往里小一圈直到最小的一点。玛丽很想知道所有这些花名，但是她一见便知道的只有天竺葵和几种玫瑰花，紫罗兰，莫忘草，如意花。许多新奇的她都不认识，而她对于它们的感情与普通习见的种类程度不同。

她离开了那条大路，踱到草地上去徘徊。一霎之间那条大路便隐灭了，电车、汽车、自行车也不见了，好像这世界里没有这种东西似的。一大群孩子一队一队界限分得很清楚的玩着；每队都有一个，有时两个大人，姑娘或妇人，陪伴着。这些姑娘或妇人们有的展开四肢朝天卧在温暖的草地上，有的背倚着树干读小说，她们的周围一群孩子在那里绕着弯儿，嚷着，笑着。这是一个充满飘荡的遮胸袋，与裹着黑袜统的小腿与清脆悦耳的声音的世界。在这大空间，这些小孩的声音仿佛是非常的辽远；这种可爱的、尖锐的声音与在街上的、屋内的不同。屋内与街上的声音震荡了空气，散撞在墙上、房上或街道上击成回声。但是在这外边，这些娇滴滴的声音向那高深、稀薄的空气中欢呼，一直冲向高处、远处，渐渐的消散在树顶上，云端里，直到寥廓风高的地方。这些小孩也受了这种缩小的影响；在这广大的绿森森的草坡上他们的身材看去比他们原来的更觉渺小；那些树尖在他们头顶上晃动得很大，那些青草在他们脚底下飘摇得很阔，那个天空从远远的天边将他们包围了。他们的形骸不能妨害那自然的大体，他们的嬉笑不过是对于寂静的一种细语，一点不能扰乱那广大的恬静，正如同一只蚊子的翅膀轻轻的在峭壁上飞扑。

玛丽向前走去；几头母牛很庄重的抬起它们的好奇的脸面，待她走过后，它们在她身后晃动它们重大的脑袋。有一两次五六只野鹿突从树林后飞奔出来，一见玛丽惊得忽然站住了——注视了一会，又像疾风似的，很高兴、很自由的，一纵一跳的向前奔去了。这时一只蝴蝶一左一右绕着圈儿的飞来——翅膀靠左扑十下，靠右扑二十下，于是又转向左边，有时她忽然绕了一圈，重新又折回到原路上，漫不经心的在日光里疾飞。远远的一群小鸟不偏不倚的在天空里驶过——它们知道它们的目的地；这时忽有一只小鸟脱离了群众，一阵高兴独自绕了一个大弯，重又加入它的伙伴队里，于是它们一同前进，前进，一直向那天边前进。——你们这些敏捷的东西！喔，自由呀，快乐呀！从天上飞来的音乐！从浓厚的日光里传来的欢歌！幸福的遨游者！你们飞得多么快，多么勇敢——上前，上前，直到那地面渐渐的消失不见，而那无边无际的穹苍，日光里的深沉的幽静与那天空的缄默接待了你们！

玛丽走到一棵树旁，沿着树的周围有一圈木制的座位。她便在这里坐下，望望宽旷的草场。远远的向前望去那土地渐渐向下倾斜成了许多土凹，又渐渐向上高起成了一个个土山。那些土凹里的树林只露着碧绿的树顶，而那远的土山上的树林看去是渺小的，极清楚的片面的黑影，有的是大片的、全体的树林。近处的是些独干的树木，每棵有它孤立的树影，树枝之间涌出一缕缕的太阳光线；遍处都是青草绿叶，成千累万的金黄色的小花，与无数的白雏菊。

她坐了一会，一个黑影从她身后一步一步的移向前来。她注视这影的长度与那种古怪的一摇一摆的移动。这影延到最长的时候便止住不动。她才知道有人站住了。看这影子的形象她知道是一个男子，但是这人紧挨着她，她又不愿意抬头。这时发出一个说话的声音。这声音的宏大有如海水的汹涌。

“唅，”这个声音说，“大姑儿，这多半天你在这里做什么哪？”

玛丽的心里忽然突突的一阵狂跳。她的胸膛有些容不了这膨胀的心的情形。他举目一看。一个伟大的男子站在她的身旁：一手举着，捻弄他的胡须，一手很随便的耍着一根长手杖。他穿着便服，但是玛丽立刻觉出这就是站在葛莱夫登十字路口指挥来往的车辆的那位高大的巡警。

十

那位巡警讲了许多奇怪的事情给她听。他告诉她凤凰公园所以称为凤凰公园的缘故。动物院里虽然有世上各种各样的飞鸟，但是他不信那里会找出一只凤凰来。现在他才想起，以先他从没有想过要专诚调查这一类鸟，但是下次他再到动物院去倒要留心考察考察。说不定有那么一天好日子，譬如说就是明天吧……这位姑儿会允许他（这是一种最可宝贵的特权）陪她到动物院去。他似乎很相信如今凤凰已经绝种了——绝种言其是死尽；并且他一想到据一般人所说的这类鸟的性质很怪僻，便以为这鸟向来没有真的存在，不过是一种神秘的生灵——神秘的生灵言其是一种莫须有的鸟，是一种神话。

他又告诉玛丽这个公园是世上最大之中第三个，可是最美丽的。他这句话不但有本地新闻作证，本地新闻的意见也许因为爱国而有什么偏见——偏见就是背乎实在的真理的意见——还有著名的英国报纸上许多可靠的证据，如同在答问报、珍报、披尔森周刊上他找着一个有力的使人满足的同样的实证——同样的实证言其它们的意见都是一致的。他又细说那些使玛丽听了怀疑的话，他用多少哩，多少码，多少亩来说明这个公园的正确的大小，还有这里面可以容纳多少头牛羊，假使这个公园作为牧场——作为牧场言其把它变作草地；或者把它变作庄稼，可以有多少经济租田的主人——经济租田这个名词是一个深邃的——是一个奥妙的、困难的科学与社会学的名词。

玛丽差不多不敢举目看他。这时一种不能自主的羞赧占领了她，她的两眼不是竭力支撑，断乎抬举不起：它们白在那里向上翻腾，还不等举到多高，便向旁边闪缩，重又转到下边，落在她的膝上。她竟会坐在一个男子身旁的那种惊讶的思想温热了，惊动了她全体的血液，一霎时便热烘烘的像火烧似的都涌上她的双颊，旋又冷飕飕的一阵，寒颤着退了下去。她的垂下的双目差不多被那靠近她身旁的，仿佛两根石柱子似的，穿着土维特绒布裤的双膝给催眠着了。这一对膝盖比她的一对高出许多，比她的谦让不敢出头的膝盖长出有尺半多。她坐在那里，两膝向下倾斜，他的却一直凸出在前，好似她在博物馆里见过的神像的那双坚硬不动的膝盖一样。他的一个巨大的膝上搁着一只同样大的大手。同时她的一手自然而然的也安放在她的膝上，她心里抖抖缩缩的要想比较这两手的不同。她自己的手很瘦小，皮色白得像雪，分量似乎很轻，一阵微风可以把它吹起。她的手腕又纤小又柔弱，从这腕上的乳白色的表皮里隐隐露着一根根淡蓝色的回血管。她正在注意她的手腕，心里起了一个忽然的、感情的欲望。她希望有一只红珊瑚的手镯在这腕上，或者一根打成扁圆片的白银链子，或者就是一只小绿珠子的两绞丝镯也可以。放在隔壁膝上的那只大手比她自己的大三倍，这手的皮色被日光晒成了老花梨木的颜色。天气的炎热使那些粗大紫色的回血管根根暴起成了一个个小疙瘩，一条条脊梁，横过手背，蜿蜒下至手腕。这手的特别重量看去十分可怕，她可以想像它一把拉下了一只公牛的坚强的脖子。他一边对她说话，这手尽在那里摆动，这手握紧了由花梨色变成惨白色，重新张开了又成了顽木不灵、盾牌似的一块。

她心里害羞因为她找不出一句话来谈。她的字眼不幸忽然减少成了“是”与“不”两个字，至多也不过变成一句胆小不敢出口的“真的”与“那个我不知道”的话。她想不出一句可以辩驳他那种滔滔不绝的大话，在平常她的舌头又流利又宛转像风吹鹅毛那样的轻便易举。然而他并不理会这种不作声。他以为这样是很对的，这是一个小女孩子对一个巡警的一种当然的敬礼。他喜欢这种敬礼，因为这是帮助他觉得他的样子有多大。他相信他有一种能力，无论在什么时候，对哪一位女子，永远可以有一段很文雅的、津津有味的谈话。

过了一忽玛丽站起来，畏缩的想要对他说声再见。她希望走开，走到她自己的那间小屋，在那里她可以看着自己，盘问自己。她要在忆想中体会那坐在一棵树下，一个男子身旁的她。她知道她能够很精细的重新建造一个他，但是恐怕不能重新建造她自己。那时她站了起来，他也跟着站起，并且紧靠她的身旁，很自然的，步伐很整齐，因为那时已经无法可想，只好向前走去。他依旧滔滔不绝的，兴致勃勃的，很博学似的担负谈话的责任。他高谈政治、社会的重要事情，多多的解释他满肚子里的奇异、高深的字眼。不久他们走到公园的最热闹的一处。小孩子们都停止了他们的嬉戏，睁圆眼睛看着那个小姑娘同那个大汉，他们的仆妇都瞪眼瞧着，嘻嘻的笑着，又满心的羡慕。在这些视线之下玛丽的步履颇受偏向旁去的为难，这种偏向使她左避右闪的常常猛不防闯在她的同伴身上。这时她很气她自己，心里又是害羞。她咬紧牙装作很自然的一直向前走，但不是他的肘子轻轻的碰了她的肩，便是他的手的摆动常常触了她的上衣，真使她狼狈得不敢前进，她只得敛步在后，离他总有一臂之遥。如此触碰了五六次，她恨不得一蹲身倒在草地上尽量的大哭一场。到了公园门口她忽然站住，鼓着沮丧中的勇气对他说了再见。而他却很殷勤的恳求还要送她一程，她并没有允许他，他便向她举一举帽。（她虽然在苦痛中，但是恍惚间依然能注意这是从来第一次一个男子暴露在她面前。）她一路向前走去，觉得他的两眼还不住的跟随她，因此她的仓皇的步履急得差不多飞跑了。她痴心的希望她的衣服比现在的长些——那条假边！假使她手里能抓着一条裙子，只要抓着一点东西，便能使她镇定。她惟恐他在那里批评她的裙子的短小与没规矩的踝骨。

他略略站一会，他的大脸上带着笑容望着她的后影。他知道她知道他在那里看她，他一边站着，一边从他衣袋内拉出他的手来摸摸，理理他的胡须。他有一嘴红色胡须；很稠密，但是剪得短短的，方方的，一根根坚硬得好像铁丝似的挺立在他的嘴唇上。人都以为一碰它便要折的，可是它从没有折过。

十一

那天晚上莫须有太太回家来身子似乎很疲倦，她抱怨她在奥康诺太太家的工作比她以先做过的几家都辛苦。她历举那家的许多房间：那些铺着地毯的屋子里四边露着的地板都得上蜂蜡；其余的，只有一部分铺着小块的毛毡的，满得要上蜡；楼上的几间都没有铺地毯，也没有铺毡子，因此得用水刷洗；地窖子里一共有两间铺红砖的厨房，一间碗盏的贮藏室都得打扫。那位女主人特别注意扫除板壁和门窗。楼梯的上半截是光着的，得要从上擦下来，底下的半截通那条夹道，铺着一条窄长的地毯，两旁都用铜条按着；两边露着的地板也得上蜡，铜条又得用油擦。还有这里，那里，满屋子里尽是些用不着的、讨厌的铜器。这一家内除了奥康诺太太和她两个姊妹以外还有四个孩子，所以洗濯的东西简直接连不断的，多得可怕。

在吃茶的工夫，莫须有太太又记起那家客厅里的壁炉架上与钢琴顶上的各种摆设。炉架的一端立着一个瓷制的牧羊女，手里挽着一篮花，那一端上也有与它同样的、丝毫不差的一个。架的中间是一只有斑点的大理石的大自鸣钟，钟顶上驾着一所穹顶的小屋，面前有两根歌林多式的石柱子，屋顶上又立着一位弓箭手，一手挽着一张弓——弓箭手的上面便没有别的东西，因为那里没有余地了。这些东西的每个空当里立着一个个小的镶着镜框的奥康诺太太的家属的相片。所有这些东西的背后有一面刻玻璃镜，镜的两旁是斜坡的，左右都有许多层木架。每层上都摆着一只茶杯或一只碟子或一只瓷碗。壁炉的左首挂着一张金属制成的画片，片上是一个少女，穿一件天蓝色的长衣，跨着很清楚的一级级的石阶，渡过一条窄小的但是急流的小河；片之中央饰着一头牛，地平线上是两只白羊，一只棕色狗，一个喷水泉和一个日规。壁炉的右首是一个少年，穿一件紫红外套和一条黄色、齐膝的半截短裤，臂下挟着一顶三角帽，他也在渡一条小河，情形同对面的是一模一样的，并且他的配景也是同样的紊乱。每堵墙上有三张画片——屋内共有九张；三张画的是羊，三张是战争，两张是神画，是两个形容憔悴的人各自坐在一个特别令人绝望的荒野上（每块荒野上有一棵仙人掌同一只骆驼）。这两人中的一个很注意的凝视着一个骷髅，那一个却在竭力回避一个不大标致的妇人，妇人身上穿着一件太露肉的白色长衣：长衣上部隐约露出一截胸膛——大概这就是那人竭力回避的缘故。最末一张画片是一个小女孩子坐在一把太师椅内，好像很有学问似的在那里读一部本子厚大的圣经：她戴着她祖母的帽子，还戴着一副眼镜，样子很可爱却很庄重；她的一旁坐着一个挺胸凸肚的洋娃娃，地板上一只小猫专心一志的在追逐一个绒线球。

以上这些东西都是莫须有太太讲给她女儿听的，她又讲到那地毯也许是在土耳其成旁处织的，那碗柜大约不是花梨木，那些椅子脚与有的桌子腿因为受过震动都得了软脚病，那些淡黄色的窗帘，内加一层毛织厚窗帘，外加一层百叶窗。还有一个鹿头立在门的木架上，这个大约是他们家里的人在梦中射得的，还有几只银杯子放在这猎得品的侧面，大概是锡制的。

莫须有太太又用一种刻薄的口气，她虽然刻薄但还不敢十分放肆，批评那家主人的模样、品性。她有一个毛发茸茸的下巴，莫须有太太说，她有一嘴露牙与一种笨笑，往往人都早已知道他们的事情应该怎样做，她还要刺刺不休的叮嘱他们怎么做。除了这种絮烦她什么也不说。——这位太太让她给洗五间房间，一长条楼梯，所给的胰子没有普通人家给的多，但是，也许，有人和她熟悉了，可以知道她并不是恶意。

玛丽突如其来的，问她妈有没有女子嫁给巡警的，并且当巡警的是不是好人？

她妈回答说大家所以都要找巡警做丈夫却有许多层理由——第一层，他们是体格魁伟的男子，体格魁伟模样总是好看的；第二层，他们在社会上的地位很高，他们的尊严当然是无可疑的；第三层，当巡警的薪水可以满足无论哪一个家庭，只要这家没有不需要的、过分的浪费，并且他的薪水之外常有各种补助的方法，这种方法人们在谈话里隐约提起的；第四层，一个巡警受了许多年的训练或者可以成一个很好很顺从的丈夫。在莫须有太太个人的意见并不羡慕巡警——他们太自私，他们不断的捉拿罪犯，不断的与罪犯接近，他们自己的道德未免也会堕落；并且，因为某种女子十分倾佩他们，他们的道德不断的常受妨害，给这样人当妻子须要竭力从那些狡猾的、纠缠不休的女性队里保全她的丈夫，真要把人累成影子了。

玛丽说她想假使有别的女子爱一个人的丈夫也是佳事，但是她妈却不赞成这句话，她说这种女子一点不是真情，她们无非是要满足一种愚笨、过甚的傲慢与要加苦痛给那些正经的、已婚的妇人罢了。总之，一个巡警并不是结婚的理想人物。他回家总没有准时候的，不免时时要提心吊胆，这种情形对于治理家务不甚相宜；况且，假使一个人在家里老是心神不定，一切规则与一切真正的家庭生活全都废了。为一件事不能不说他们是好的——他们都爱小孩子。但是，从全体看来做书记的比较算是一位好丈夫：他的时间是准的，可以知道什么时候他在什么地方，这样也就使人安心了。

玛丽急于要将白天的冒险告诉给人听，但是她对于她妈虽然向来没有秘密，这件事情她可不能告诉她。有些原因——也许因为年龄的不同，还有一种害羞——使她不便开口。她希望她能认识一个与她同岁的、和善的姑娘，或者还比她年轻些。她便可以对着她的乐听的耳朵诉说她的故事。一面背诵，一面可以互相紧紧的拥抱，她又可以过甚其辞的形容那胡须、头发、眼睛等无数的琐碎东西，对于这种东西的趣味老年人心里是不稀罕的。

她妈说她身上觉得不很舒服。她并不知道什么缘故，不过好像比她可以记忆的许久以前累的更厉害。满身筋骨酸痛，四肢发冷，她头发朝后梳时，头皮都有点隐痛；所以她今天上床比往常格外早。至于玛丽，往常睡觉的时间早已过了，她还蹲在地板上，在几块未冷的煤块之前。她瞅着那红光，细嚼快乐的幻象与不能实现的奇怪东西；这些幻象却温热了她的血，举起了她的心，将她放在一双轻飘、颤抖的翅膀上；她耳内听见一种歌声，这种歌声使她永远听不厌的。

十二

莫须有太太多睡一觉之后，第二天早晨觉得舒服得多。不过用刷子刷头发的时候头皮里隐约还觉微痛，她精神有点疲乏，虽然，这不至于像生病那样厉害。她女儿在那里预备早餐，她在床中坐了起来，又像往常那样开了话匣子。她说她有一种感觉，觉得她的兄弟伯德哥总有一天会从美洲跑回来，并且知道他一回到本国，立刻便会来找他的亲戚，还要将他在那富有的国家所积蓄的钱财分给她们。她记得他从前的大量，虽然他那时候还是一个小孩子，假使碟子里只剩半块山芋或盘子里只剩一片面包，他总说“不要了”。她爱讲他的相貌好，精神活泼与他所讲、所做的奇事。当然的，伯德哥时时有机会可以结婚，可以在美洲组织家庭，果真如此，那就是他好久没有来信的缘故了。做妻子的常常是一个男子与他朋友中间的一层障碍，这个女子可以用种种方法禁止伯德哥将好东西分给他的亲姊姊同她的孩子。这种人就在爱尔兰也是有的，一个人越是多听美洲的情形，越不知道那地方的奇怪的人会做出什么事情来。她常常有这个念头，她自己愿意到那边去，真的，假使她有一点钱，她便不管三七廿一，打起铺盖，明天马上动身到美国。那边可以有很好的生活，需要女子的地方很多，做女仆的，做妻子的。并且，这是人所共知的，美国人都爱爱尔兰人，所以刚去时候要找点事情做一点不难的。她心里越想到奥康诺太太，她要搬到外国去的心思越厉害。现在她虽然还没有说奥康诺太太的坏话，但是这是事实，她颊上长的一个瘤，又是露着一嘴牙。这两种坏处假使只有一种也还说得过去，如今两种都有，她想这确是表示一种恶性；但是也许这个妇人应该受人怜悯的，也许在她自己是一个好人，可是又有胰子的问题，并且她最喜欢发种种不必要的命令。无论如何，好在日久见人心，况且，主顾又是这样少，一个人总不该同自己的饭碗为难的。

开门声与楼梯上迟重的脚步声便把莫须有太太从床上轰了下来，她急急的穿上衣服。五分钟之内她把衣服完全穿好，她吻了她女儿的三吻，便逃下楼来，出门做工去了。

玛丽得了她妈的允许，她可以随意处置她妈在礼拜天穿的那条裙上的黑绒边，所以她费一点工夫把它拆下来，又把它刷净了。可惜已经是没有像她希望的那样新，有几处已经擦伤了，磨光了，绒头差不多没有了，但是别的部分依然是好好的，她剪去了损坏的部分，把好的部分细细的用针联起来，结果她制成一条很适用的腰带。做完腰带她便穿上试试怎样，看了很得意。但是立刻又嫌着她头发的古板，她用手轻轻的把它卷起，卷成两个鬈曲的小圈，一边一个紧贴在两耳上，还有两三个极小的小圈在她前额飘着。她带上帽子，偷偷的出去，放轻脚步，惟恐她出去时，屋内有人在门缝里窥探。她竭力的放轻脚步，但是那些光着的、坚硬的楼梯上走一步，响一声，所以她到末了只得飞跑出去。不敢回头，惟恐有人在看着她。她一路走心里总是怀着鬼胎，她设法安慰自己，很确实的对自己说她并没有做错什么事。她又很诚实的对自己说她要到圣史蒂芬公园去看看那些鸭子、花坛与鳗鱼，但是她走近码头，她脸上一阵绯红，身子便向右转，急急的望着凤凰公园走去。她心里原说她不进去，只在河边走走，走过岛桥，回到栗薇河的对岸，上圣史蒂芬公园的。但是她一见大门里那条照满阳光、闪闪作亮的大路，又想不妨进去一点看看栏杆后的花朵。她跨进门槛，大门外的售报室后走出一个高大个儿跟着她走。她走近花坛止步看花时，那个高大个儿也站住了不走，她看完花又向前走，他也紧追着前走。玛丽走过了哥夫石像，又转向那草地与树林里走去，到了这里，那个高大个儿便放大了脚步。在草地的中间一个大的黑影一摇一摆的越出她的肩膀前面，她一路走着逼着气，一心注意那黑影变成奇怪的一耸一耸，急急的移向前来。不一忽，草地上迟重的脚步声驱逐了所有关于黑影的念头，于是一个喜悦的声音射进了她的耳内，那个高大的巡警已经站在她的身旁。他们两人站立了几分钟，行礼，道歉及解释，于是他们缓缓的在日光里并着走起来。无论哪里只要有一棵树，上面总有花朵。每棵树上都有一群小鸟拥挤着，用一种突然的尖脆声，很响亮、很可爱的齐声唱着清脆、同样的调子，但是空地上的那种寂静更可惊奇；那里没有鸟声夹杂在玛丽与那个深沉的声音之间，没有树影吞没他俩的黑影；这时阳光非常的和暖，空气非常的清新，山上吹来轻轻一阵微风，是一种温暖柔和的风。

十三

自从那天之后，玛丽不断的遇见她那位新朋友。不知怎的，无论她到哪里，他总是离她不远的；他好像是从空中掉下来似的——有时她独自看着来往的人们，驰驱的车马与拥挤的人群，辉煌灿烂的商店的窗子，就有隆隆的大声从上落下来罩住她，与一个庞大的形体徐徐的在她身旁走着。他两次带她上饭馆去吃饭。以前她从没有上过饭馆，她疑心这许是仙界了。饭厅上用许多小电灯照得模糊半明的，那些美丽、洁净的饭桌，新奇的食物与打扮得齐整的侍女们，一个个举动很敏捷，很伶俐，脸上很庄重但是又殷勤——这种种都使她十分惊奇。她看见饭馆里的姑娘们虽然装着庄重、殷勤的样子，却十分注意她和那个高大的男子，她觉得她们都在羡慕她有这样一个威风的朋友侍候她。她在街上也觉出有许多人都注意他们两人，但是，因为留心听他滔滔不绝的话，便没有心去注意这些人，虽然是应该的。

他们两人不到公园去的时候，便去找最僻静的街道，或到城外去沿着多德河向上走去。多德河沿岸有几处风景极好的地方：那些害羞似的小水湾与池潭时时有一个小瀑布与一片宽阔平静的水面，日光在这水面上照得如同白银一般。沿岸的绿草长得非常茂盛，当这时令，岸上为日光所熏，这确是一块闲坐的好地方。她想她坐在那里看着明亮的河水，听着坐在她身旁的洪大的声音，可以永久不厌。

他告诉她关于他自身的与他同伴——那些与他同样大的男子——的事情。她可以瞧见他们缓缓的、很有勇气的在他们营场上走，排队出去运动或体操或上课。她奇怪他们不知学习些什么，谁那样无礼敢教这样大的大人，他们要是忘了他们的功课，不知道要不要挨打？他告诉她每天他的职务，哪时上班，哪时下班，早晨哪时起床，晚上哪时上床。

他告诉她晚上的职务，描写那些阒无人影的街道，听得她毛骨耸然的……十分深沉的黑暗里，万籁无声，只有那比白天千百倍响的脚步声，一声声踏在凄凉寂静的街路上，渐远渐小以至于极微极尖脆的清晰。她又瞧见那些包围在黑暗里的小巷、窄路。一两个行人毫无目的的在那些冷静的街上疾走，他们竭力设法走得舒泰些，因为怕他们雷响似的脚步声，他们屈身在这广大的城市里，紧缩的战栗的都在那些瘦小的屋子旁。成千累万的黑屋子，每间都像死一般的沉寂，每间好像都在等着、听着清早的来临，每间都充满着男和女，他们一个个都睡得很安稳，因为有他在外面来往的巡查。他打起灯笼照照店铺的窗子，摸摸各家的门户，恐怕它们没有关上。

从极远的地方时时传来一种哒、哒、哒的脚步声，一种遥远、微细的声音，有时渐渐消灭反应到旁的街上，有时铿、铿、铿的走向他站的地方来，这声音便渐高渐清楚渐响亮，响了又响的变成两三个回声；那时候他深深的退到一家门洞里，仔细瞧瞧这深更半夜还有谁出来——那人便带着非常的使命走去了，他的脚步向着极远的地方走下去，直到他走的最后的回声与最后的微细的震动旋转到了寂静。时时有一只猫很小心的躲在铁栏杆上，或一只迷路的狗惊慌的偷着在路上走，无论灯光底下，黑暗地里，到处都拿鼻子嗅嗅，只不作声，又饿又着急。他告诉她许多故事，那种令人惊骇的故事，讲到打仗与诡计，一生专弄诡计的男女，除了偷盗和强横不知别的事情的人们；天生会偷盗的人们，专靠诡计和偷摸吃喝的人们，用骗术结婚的，由古怪、低陋的路径走到死境的人们。他又告诉她许多故事，两个饥饿的男子，被盗的水手与一段有趣的笑话，讲一个薙发匠有两个母亲。他又告诉她八个机器匠，半夜里偷鱼的老太太与他释放的男子的故事。他又告诉她一段可怕的故事，他在一间小屋内同五个男子决斗，他又指给她看压在帽子底下的大黑疤与他脖子上的几条伤痕，这些都是被瓶块扎破的，还有他的手腕上是被一个意大利的疯子用尖刀戮伤的。

虽然他永远说着话，并非永远说他自己。从他的谈话里引出一大串问话来——琐碎微细的问题从他的故事里滚出来钻入她的生命里。很巧妙的、自然的、自动的问题只有女孩子可以领会那发生这些问题的用意。他问她的姓名，她的地址，她母亲的名字，她父亲的名字；她有没有别的亲戚，她已经做事了没有，她奉什么宗教，她离开学校很久了吗，她母亲的职业是什么。所有这些问话玛丽都很高兴的、诚实的答复了。她知道每个问题的来临并且预料问题背后的个人的好奇，她对于这些都很高兴。她也爱问他的个人的、切己的问题，关于他的父母，他的弟兄，他的姊妹，他祈祷的时候说什么话，他有没有同旁的女子走过，如果有的，他曾对她们说些什么，还有，实在，究竟他以为她怎么样。她关于这种种的好奇心是很多，很热烈，但是她连提都没有胆量提。

有一个问题他屡次问到她，而她屡次闪开的——她躲避它好像这是一个恐惧似的——这个问题就是“她母亲的职业是什么？”。她实在不好说她母亲是一个做散工的女仆。这样说总有点不妥当。她忽然对于这种职业懊恼起来，羞耻起来。这是一种最下贱的职业。这似乎是一种最卑鄙的职业，人人都可以做的；直到这个问题用各种方法提出之后，她不能再不答复了，但是她隐藏了事实——玛丽对他说了一句谎话。她说她的母亲是一个裁缝。

十四

一天晚上，莫须有太太回家来精神很不好。她又懊恼起来为什么她这样头痛，这样疲倦。她说要她提水这件事情最麻烦不过。并不是她提不了，实在她按不下心去做这件事。支配她意志的机关仿佛暂时不在她脑里。用两手使劲按在一个拖布上，把它绞成螺旋形，绞得它干干的，这件事情假使她愿意干，她觉得她能干的，可是她心里真不愿意做。这些事情虽然在她手里正做着，觉得很奇怪，离她很远似的。那个水桶，虽然她的手不久还在那里面浸着的，不知怎么，好像离得老远的。要拿起那块放在水桶旁的胰子来，得用一条比一臂还要长的胳膊才能够得到。洗完了，磨完了一方地板再要去够那没有洗过的地方，怎么样身子可以不移动真是一个重大的问题。这样疲乏使她吃一惊。她的头痛，虽然不轻，倒不在乎。人人都有头痛腰酸挫筋等小毛病，但是这种莫名其妙的疲倦与稍微使点劲都不情愿的情形很使她吃惊。

玛丽哄她出去看看那些到丽华戏院去的人，她说今天有一个名角在那里演戏。所有都白林的女子，甚至于从老远的地方都来看他，现在立刻就去也许可以赶上看见他坐在汽车内停到戏院的后门，那时她们可以仔细留心他从车里出来走进戏院去。莫须有太太听了这些消息便从她那种异乎寻常的冷淡之中一时高兴起来。自从吃茶以来她便坐在那里（不像平常那样笔直，那样指手画脚的，但是腰驼背屈的瘫着）两眼注视炼乳罐外的一滴牛乳。她说了她想要出去看看那位大名鼎鼎的戏子，虽然她不知道为什么所有的女子都像发疯似的要去看他，但是不一会工夫她又回复她那种腰驼背屈的样子，又收回她的视线到那个炼乳罐上，玛丽有点费事的将她放倒在床上，她们两人互相搂抱了一回，她便很快的睡着了。

玛丽为她母亲的病痛心里不免有点烦闷，但是，向来在一个病人没有死象之前，旁人总是不容易相信他病势的厉害，所以这件事情不久也就在她脑中消灭了。况且她脑中又装满了对话的许多杂碎的影像，这事更容易消灭得影迹无踪了。

玛丽见她妈睡得很平安，便带上帽子出去。在她当时的心境里她愿意找个冷落的地方走，这种冷落只可在人群里找得出来，她还愿意找点可以分心的事情。她近来所过的日子充满了冒险，连那楼顶上的小屋不但使她厌恶，并且要使她发疯，她妈的急促、困难的呼吸扰乱她的心思。屋子里的破乱家具，她眼里觉得丑极了，那块不铺地毯的楼板与那没有遮蔽的沾污了的灰墙使她满心的不高兴。

她走出门去，不多一会便做了人群里的一份子，这些人每夜都是来来往往的，从罗登达到撒克维尔街的宽阔的路上，走过夏康内尔桥，到威斯莫兰街，经过三一学院，又穿过灯火辉煌的葛莱夫登大街到圣史蒂芬公园门口的浮云里石门。从晚上七点半起都白林的少年一个个兴高采烈的在这里过来过去。有时成群结队的少女们蹦蹦跳跳的跳过，每个都是嬉笑的化身。离她们不远一群少年偷偷藏藏的品头题足的跟在后面。不等到走到桥边他们彼此便已熟识，有几个侥幸的配上对了。

但是通常都是成对儿走的。在头天晚上订的约，每条街上都充满了快活的无心无事的少年与少女——他们并非真是要求配偶，不过是享受些交新朋友的趣味，在这里将老话装装新瓶子里，旧笑话变成新笑话，人人都是活泼的，除了他的同伴对谁也不讲礼貌，他们对面遇见的或交身过的，或赶上他们而在他们面前经过的都是他们戏弄、嘲笑的目的物，同时返过身来，他们自己也是供给后来的每对的暂时取乐和谈话的资料。时时有在半途停步的，经过一番很有礼貌的绍介之后，结果又重新配搭成了几对新配偶。他们分手的时候掉过头来笑着说“明天晚上”或“星期四”或“里期五”这一类话，表示对于那个旧的伴侣并没有完全抛弃；于是他们各自前进。

在这些人群里玛丽急急的走过了。她知道假使她走得慢些，便有那只于修饰一部分的男子会突然问她自从上星期四以来她做过些什么事情。会把她算为嘉德爱伦介绍给与他模样相同的六个少年，这六个少年便很温和的笑着，站着成一个六尺长的半圆形。这种情形她以先曾经逢着过一次，她逃走的时候那六个少年便在她背后“汪，汪，汪”的学狗叫，同时那第七个少年很起劲的高声的“苗，苗，苗”学猫叫。

她站了一会看看人们纷纷的拥挤到丽华戏院里去。有的坐汽车来的，有的坐马车。许多像出殡用的轿车将那些沉重的庄严的人们寄存到那个玻璃顶的门洞里去。那些驰骋的汽车在橡皮轮子上呜呜的叫着，车内载着穿夜礼服的先生们与肩膀上轻轻飘着丝织围巾的仕女们，此外还有接连不断的行人在道上奔涌。玛丽掩在对面一家门洞里瞧着这些欢乐活泼的人们。她很天真的羡慕他们，心里念着那个高大的巡警不知会不会请她一同到戏院子去，如果请她，她妈会不会让她去。她想她妈不会让她去的，但是她迷糊的觉得果真她能够得到这样一个喜悦的邀请，她有把握会想法子出去的。她正梦想假使有这样的款待，打算要把她那件最好的外套好好的改造一下，正在这时，她恍惚看见葛莱夫登街的转弯角上露出一个高大个儿渐渐的向戏院走来。这人就是他，她心里乐得直跳。她但愿他不曾看见她，又愿意他能够看见她，身上忽然一阵冷战，她看见他并不是一个人。一个年轻、肥胖、两颊微红的姑娘傍着他。他们渐渐的过来，那个姑娘伸手去挽着他的手臂，说了几句话。他弯下身去凑近她答复她的话，她对他嫣然的一笑。接连很快的交谈了几句，他们两个一齐笑了起来，于是他们消失到那扇卖两个半先令一张票的门里了。

玛丽缩回到那个门洞里。她起了一个怪想，好像人人都要看她，人人都怀着恶意的笑她。过了几分钟她走了出来，匆匆的走回家去。这时她耳内听不见街上的嘈杂声音，眼里看不见游行的人群。她走路时脸儿朝下，在她草帽的阔沿之下，一双眼睛汪着两包酸泪，这种眼泪向来没有流过。

十五

第二天早上她妈身体不见得好。她也不想起床，就是听见隔壁屋里那个男子早晨起来下楼梯的脚步声都不注意。玛丽几次三番的叫醒她，但每次说完了“呕，宝贝。”她又昏昏的迷糊过去了，这种迷糊并非睡觉，实在是昏迷。她的老象牙色的焦黄的脸子薄薄上了一层颜色；她的两片薄嘴唇松松的张着，略有点丰肥，所以玛丽觉得她病时倒比健时好看些；但那搁在一床粗毛毡上的干瘪胳膊看去不但消瘦，简直是枯干，那只手比向来更黄，更像一个爪子了。

玛丽照常把早茶放在床上，又把她妈叫醒了，她妈望空愣了一会，用胳膊肘子支起她的身子，于是毅然的决心一下，在床中坐起来，竭力把心按在她的早茶上。她一口气喝了两杯茶，但那面包，她觉得嘴里无味吞了一口之后，便把它放在一旁了。

“我一点不知道我会变成什么样子，我一点也不知道。”她说。

“妈也许是着冷。”玛丽回答说。

“我脸上难看不难看，现在？”

玛丽细细端详一下。

“不，”她回答说，“你脸上的颜色倒比平常红些，你的眼睛很亮。我看你的样子很好。你心里觉得怎么样？”

“我不觉怎么样，只是困。你把那面镜子递给我，宝贝，我瞧瞧我什么样子。”

玛丽从墙上摘下那面镜子递给她。

“我脸上一点不难看。带点儿颜色于我总是合式的。可是，你看我的舌头，舌苔厚极了；完全是一个坏舌头。玛丽，你外婆临死时的舌头正是这个样子。”

“妈有什么难受没有？”她女儿说。

“没有，宝贝；就觉额前嗡嗡嗡的仿佛有件东西转得很快似的，害得我两眼好累，我的脑袋仿佛有双倍重。把这镜子拿去挂上。我试试睡一觉看，也许醒来能好些，你给出去买点牛肉，我们煮点牛肉茶喝。吃了也许于我好一点。我那裙子袋里的钱口袋拿来给我。”

玛丽找着了钱袋拿到床边。她妈打开来拿出了一个顶针，一条靴带，五个钮子，一个六便士的银角子，在外又一便士。她把六便士的银角给了玛丽。

“买半磅腿上的肉，”她说，“还剩下四便士买面包同茶叶；不要这样罢，把那一便士也带着，到肉铺里花两便士买半磅零块的牛肉，买两便士一罐炼乳，这是四便士了，还要一便士半的面包，一便士的茶叶，这是六便士半了，再把剩下的半便士买葱，回头放在牛肉茶里。不要忘记了，宝贝，肉要挑瘦的，那伙人们常要搭上几块肉皮肉骨头。告诉他这是给你妈煮牛肉茶的，说我在这里不好过。替我问克文太太好，她好久不到肉铺里来了。我现在要睡觉。无论怎么样我明天总得去做工，因为家里一个大子也没有了。快点回来，宝贝，愈快愈好。”

玛丽穿上衣服出门去买这些食物，但是她不马上就买。她到了街上忽然转过身来，两手紧握着作一种失望的动作，急急望那反对的方向走去。她转到旁的街上到那公园的门口。她的两手忽而紧握，忽而松放，心里着实不耐烦的样子，两只眼睛不住的东瞅西瞧，在几个过路的人间射来射去宛似两盏灯笼。她进入公园门，走到那条正中的大路，她在这里脚步渐渐的放缓了：她并没有看见栏杆后的花坛，甚至将世界浴在光荣里的日光也没有看见。走到纪念碑前她偷眼瞧了瞧她已经走过的路上——看见没有人跟在她背后。她又转到草地上，在树底下独自徘徊，这些树她也没有看见，连那上至土堆下至土凹的斜坡都没有注意。偶然间，她的零碎的思想中记起她妈病在家里，等着她女儿带食物回去，她这样想起时，便很惊慌的两手紧握在一起，立刻将这念头驱逐了。——一种暂时的念头，她竟会恨她的母亲。

她离开公园时已经将近五点钟。她颓丧的昏迷的走着。在她很熟悉的范围内这里走走，那里走走，走了总有好几个钟点，愈走愈任性愈没有目的了。这时太阳已经下去，一种苍色的薄暮降落到田野里；一阵小风沿草吹去吹得窸窸作响，有的摇动了那些轻细的树枝，使这薄暮生出一种阴寒萧条的景象。她走出大门陡觉寒气侵骨，但是记起她妈来，便急急跑回家去。这时她忘记了在树林里的寻访，一心专想她进屋去的时候她妈必要说什么话，与一双申斥、惊愕的眼睛怎样的瞪她，想起来不免又羞又惧。她有什么话可说呢？她想不出一句来。这样无端的、冷血的、难以解释的疏忽她怎么可以辩护呢？

她带了食物爬上回声的楼梯，站在门外轻轻的哭泣起来。她不愿开门。她可以想像她妈这时必是头昏目眩的坐在床中，怀疑，恼怒，惊惧，揣想意外和恐怖，当她进去时；这时她陡然起一个冲动，心想轻轻的把门开了，进去放下食物，逃下楼梯，出去无论到天涯地角，永远不再回来。结果她只得拧开了门把身子挨了进去。这时她脸上发烧，眼里冒火，望出来什么也看不见。她不对那张床看，直冲冲到火炉旁边，用了十二分的忍耐去收拾那煤火。她倔强了一会，猛然扭过身来，等候无论发生什么，准备破口大骂，准备咆哮，却不料她妈很安静的睡在那里。她睡得极酣，这时一种重的、完全真的苦痛从玛丽心内发生。她的十个手指飞也似的忙着预备牛肉茶。她也忘记了她要去会见的那个男子。她很想将两臂紧紧的去抱住她妈。她要轻轻的对她说几句哄孩子的话，把她搂在怀里摇着，哼着小调，吻她，抚摩她的脸儿。

十六

她妈依然不见得好。只有逐渐见坏。除了她所抱怨的形容憔悴之外，又加大烧大冷，还有眉梁里一阵阵抽筋似的发痛使她时时头晕，眼睛看不见东西。一阵阵头晕晕得她不能起立。她全身的重心仿佛是坏了，她站起来想要走几步，身子总是偏向旁去，勉强挣扎着要走到门边，但是不由自主的跛向至少离门四尺远的左边。玛丽扶她回到床上，她躺了一会，注视她面前无数的平行线好像织布似的奔命的穿来穿去，这些平行线过了一会互相缠绕，绕了又绕，绕成极紊乱复杂的花样使她一看便要头痛。

所有这些东西她都形容给她女儿听；她摹仿正在她面前织着的花样有如此的精细，使玛丽差不多可以看见了。她又讲论这病情的因果，又解释那使她发烧发寒的热度和冷度，与痛的扩张，扩张到了可怕的最高一点，便渐渐缓和下来，及至缓和到了最轻时，又像一个橡皮槌子扎了一下似的。她们两人谁也没有想到请医生。在这种情形内医生是不大请的，连想都不大想到。一个人生病都是根据某种牢不可破的、规定的、不能克服的定律，要反抗这种定律乃是呆子，一个人病好了，没有别的原因，只因为总不能病一辈子。疾病偷偷的侵入健康正如同黑夜慢慢的钻进白天一样，自然有一种确定的方法可以疗治她的病症，这种方法只于做医生的要来横加干涉。并且医生给人治病还希望报酬——出了意外的，可笑的奢望。那些在平常还不够供给一位面包司务的人，病的时候当然更没有力量去酬谢一位医生了。

莫须有太太虽然病着，但是她很为生存的实际问题着急。她的最后的七便士买了食物早已吃得忘记了。第二天，第三天，以至后来无穷尽的日子的生命的需要一齐都拥上前来吵着要求立刻的注意。那位房东的幽灵坐在她床边勒索房租，恶狠狠的威吓她不给钱便叫搬走，两者之中听她自便。还有面包司务、肉铺掌柜、杂货店老板的恶鬼都在房角里磨牙侧目的吵闹。

每天玛丽总要带点东西到当铺去。她们靠着她们唯一的资本——她们屋内的破烂家具——暂时活了几天。只要稍有一点价值的东西都已卖光了。玛丽的几件衣服够她们活了六天。她妈礼拜天穿的裙子又养了她们一天。一床粗毛毡与一个破脸盆架维持她们不至于饿死。一个水瓶和一条油布暂时敲了敲豺狼似的牙齿便没有了。那挂窗帘还不够搅扰那饿透了的肚子。

结果那间屋子弄得精光如同旷野一般，差不多不堪居住了。没有家具的屋子真是一个鬼怪的地方。屋内发的声音也是怪声怪调的，连说话的声音都没有一点人气，变成一种凄凉、空洞的回声，这种空洞的回声颇有点冬天的冰霜的色彩。再没有别的声音像一间空房子里的回声那样死寂，那样沉闷，那样颓丧。躺在床上的瘦小妇人看去倒还不比她的屋子瘦小，到这时屋内已经没有东西可以再往当铺里或旧货摊上送了。

奥康诺太太寄来一张明信片，用一种照例对于一种通信的命令口气，叫莫须有太太明天早晨八点以前到她那边去。莫须有太太读了这封信长叹了一声。这信就是工作、饭粮和赎回家用的什物，她知道明天早晨她决不能起床的。她躺着想了一会，于是唤她女儿过来。

“囡，”她说，“明天早晨你到这地方去一趟试试，你能做什么便做什么。告诉奥康诺太太我现在病着，说你是我的女儿可以帮忙，你可以好好的做一时试试。”

她把她女儿的脑袋搂到胸前，自己低头悲痛起来，因为她知道这种工作是一个开端，也是一个结束，一个可以抚摩的，搂着颠摇的，随便教训的小女儿的结束，便是一个成年的妇人的开端，她渐渐长大起来，长得比她还大，她便会隐瞒、藏匿种种感情、希望、冒险，连做母亲的都不能与闻。她知道这种工作就是堕落，将她女儿的生命的前途扩充到萧条、穷困的地平线上，在这地平线内的云彩就是肥皂水和擦地板布，在这地平线外只有一种失望的没有办法，这种没有办法被饥饿搅扰得更没有办法。

“喔，我的囡，”她说，“我想到要你做这种工作，真是恨人，但是只做一忽儿，一礼拜，那时候我病也就好了。只于一小礼拜，我的肉，我的心肝，我的宝贝囡。”

十七

玛丽一清早惊醒过来。她觉得仿佛有人唤她，躺了一忽听听她妈说话来没有。但是她妈睡得好好的。向来她妈睡着的时候与醒的时候一样的使劲。她老是不断的翻来覆去，动手动脚，嘴里胡言乱语的。许多零碎的感叹词，如同“呵，哦，不要紧，当然不是，实在呵”像枪珠似的从她嘴唇边射出来，在这些话之间常有一种冷笑似的鼻子一嗤，往往惹恼了或惊醒了她同床的人。独有今天，她躺在那里，以前那种感叹的字句一个也听不见。只有那沉重深长的、很吃力的气息从她嘴唇边泄漏出来，很凄惨的流入那间荒凉的屋子里。

玛丽躺了一回，奇怪什么事情使她这样清醒，她的眼睛张得大大的，她脑筋里的睡意逃得影迹无踪了；于是她记起今天早晨，这是她生平第一次，她得出去工作。这一点意思昨夜带了她上床，今朝急忙催醒了她。她立刻跳出床来，胡乱披上一点够暖的衣服，预备先点着火。她醒得实在太早，但是她不能再在床上定心睡一回。对于工作这种观念她原是不欢迎的，不过换一种新鲜的那种趣味，可得一时兴奋的那种新鲜，虽然极苦的工作，可使她第一天上手，不感一点苦痛。年轻人的脾气老是如此；虽然是苦工，还以为是一桩冒险，无论什么事情只要改变她日常的生活情形总是欢迎的。这天的火也与她一样兴奋；不到一忽工夫火苗上来敛成一团立刻哄哄的燃烧起来，烧得满炉通红，这时黑烟和火苗全已消失，她炖上了水壶。一会儿水开了，她泡上茶。她把面包切成片，每杯茶里放上一匙炼乳，于是她唤醒她母亲。

吃早茶的工夫她妈教给她怎么样工作。她告诉她女儿刷木器得要逆着纹路刷，这样使刷子得劲，并且泥垢下来得比顺着刷要快一倍。她告诉她千万不能省胰子。胰子少就是得多擦，又嘱咐她擦地板布务必要拧得干干的，因为干布吸水比湿布可以多一倍，这样便省工；她又告诉玛丽擦地板时常常要改变她身体的位置免得扭着、闪着这种事情，拧布时不是跪起来，就得站起来，这样可以给她一点休息，改变动作大可以使她轻松，最要紧的，做事要费工夫，性急做不出干净活来，并且没有一个主人喜欢的。

玛丽在出门以前还须找一个人来在白天里看守她妈。穷人之中这类事情倒不难办的。她第一个一找便找到隔壁屋里做小工的娘子；她是一个肥胖的妇人，有六个孩子，笑起来好像刮大风，玛丽到她那里去求她的时候，她摆脱了那六个孩子如同丢开玩意儿似的，于是她出来走到楼梯顶上。

"你做你的工去罢，宝贝，"她说，"你不用惦着你妈，我现在就到她屋里去，要是我自己不在那里，我会留一个孩子跟着她，她要什么东西好来叫我，你一点不用烦恼，上帝帮助你！反正她跟着我好比住吉维士街医院一样的平安、舒服。她现在什么不适意？她脑袋痛还是肚子坏了。上帝帮助她。"

玛丽很简单的说了几句，她走下楼梯，看见那个胖女人走进她妈屋子去了。

她从来没有一早到过街上去，所以再也不知道早晨的太阳有这样的美丽。那些街上差不多没有一个人，那日光——一种极娇嫩，差不多没有颜色的光辉——缓缓的落在那条阒无声息的长街上。没有了往常那种人群和车马的拥挤，她疑心此地是外国了，她转弯时必须看了又看的注意，在平常闭上眼睛她都找得着。各家铺子的百叶窗都还关着，一般窗子都还盖着窗帘。一辆又一辆的牛奶车辘辘的在街上滚过，一辆辆珠红油漆的面包车忽忽的飞过。她遇见的有限几个过路的人都是些衣服褴褛的男子，他们背上都是背着饭罐、工具，一个个都是迈着大步走，好像惟恐到哪里去赶不上似的。三四个男孩在她身边跑过；其中有一个手里拿着一大个面包，一边跑一边用牙齿啃着吃。街上似乎比她心里所想像的更干净，那些房子看去很安静，很美丽。这时她望见一个巡警，远远的向他仔细一瞧，又希望又害怕这便是她那位朋友，但是并不是他。她心里发生一种难过的感觉，也许今天他在凤凰公园里找她，实在，不一定前几天他便在那里呢，一想到他找她找了一个空，她心里好像戳了一下。堂堂一个男子汉连找一个女子都找不到手似乎是很不对的，不应当的。一个爷儿们这边找找，那边找找，躲在树后，站在远方偷着瞧瞧，以为也许人家把他忘了，或者瞧不起他，这种情形多么可怜。她想这种情形之下，一个小女孩子有什么法子可以安慰一个爷们。也许有人可以抚摩他的手，但只这一点还不够。她愿意她有他两倍那样大，如此她便可以把他搂在怀里，当他一只小猫似的圈着他、搂着他。只有使劲的一抱才可以补偿一个大男子的感情的损伤。

约莫走了二十分钟的工夫，她走到了奥康诺太太家的门口，她叩门。叩了六下才有人开门让她进去，她进门时经过好大麻烦才说明了她是谁，为什么她母亲不来，她很有能力做这工作。这知道开门的人并不是奥康诺太太，因为她下巴底下既没有汗毛，牙齿也不是凸出的。过了一会，那人带她到那间放碗盏的房子里，给她一大桶衣服叫她洗，这个工作开始以后，只剩她一人在房里好半天。

十八

这是一间黑屋子。那些窗子都是七零八落的掩在粗硬的窗帘后面，外边的光线不容易射进来，因此屋内光线很坏。那些门都是藏在厚毛绒的幔后。那些地板都很有规矩的躲在红黑的厚毡之下，四边露着的地板又被蜜蜡所盖，所以没人知道有它们在那里。那条窄的夹道壁矗的立在黑影里，因为从房顶的木棍上挂下来有两个距离六尺远的黑绒门帘。还有同样的绒幔挂在楼梯的每个踏步上，屋内一点声音都听不见。只有从别处传来的模糊不清的，如同坟墓里发出来似的，空洞的人声。

到了十点钟的时候，玛丽洗濯完了，奥康诺太太进来看她，玛丽一听她的命令就知道是她。这位太太把洗完的东西逐一的特别检查，检查之后，脸上一笑，忽又一板，嘴里说可以。于是她把玛丽领到厨房里，指着一杯茶两片面包请她吃早饭。她自己出去让玛丽独自在屋里。过了六分钟的工夫她好像做木人戏里的木头人似的忽然闯了进来，指挥玛丽洗她的茶杯和碟子，又叫她洗厨房，这些事情玛丽都做了。

她身上立刻觉得疲倦起来，但是倒不至于没有精神，因为厨房里有好多物件可以瞻仰。那里有各种形状各种质料的水壶，大小的锅子，各色样的瓶子，还有一套茶具排列在搁板上；墙上挂着许多大锅盖，这些锅盖她好像在小说里读着的野蛮军人的盾牌一般。厨房的桌子底下放着一列靴子，都已用得起皱纹了，每只靴子都带着一种人样的，差不多聪明的样子——一只皱纹很多的靴子往往有一种疯狂的人的样子，可以迷住了，差不多可以催眠了那个观看的人。她把这些靴子扔在半边，按着每只脸儿的模样，给它们一一的提了名字。有格兰托勃斯斯洛舍尔，吞勃吞勃，好必脱，推脱尔，哈特厄危和蕃雷贝尔。

她正在工作，一位年轻的姑娘走进厨房里来拾起那双称为蕃雷贝尔的靴子。她进来时玛丽急忙向她钉了一眼，遂即低下头去洗东西，继又极仓惶的偷看了一眼。那个姑娘年纪不大，修饰得很整齐，好像日光里的花园似的。她的脸上堆满着笑容和自由，好似一个满天晴霞的早晨。她走起来很轻快，很高兴的一纵一跳，每步都像预备要跳舞，又轻又快又稳当。玛丽心里一动，这人她是认识的，她低下脸去，脸上渐渐发红，红得比她所擦的红砖还红。她像电闪似的认得她。她的脑筋里大声的“我在哪里，哪里见过的？”。虽然还在追问之中，她已经有了回答，这个姑娘就是到丽华戏院子去，在她那个高大巡警膀子里摇摆的那一个。这个姑娘很和善的说了一声早，玛丽心里又怕又急向她溜了一眼，小声回答一声早，这位姑娘便即上楼去了，玛丽继续擦她地板。

厨房收拾完以后，检查过了，也得到认可了，她又被叫出去洗刷前面的过道，她便立刻动手。

“你给快一点擦，愈快愈好，”那个女主人说，“我的侄子快来了，他不喜欢看见洗刷。”

玛丽听了赶快低下身去刷。现在她不觉累了。她的两手在地板上毫不用力的上来下去移动得很快。实在她的动作差不多是机械的。那个正在思想的审查的我仿佛与那在水桶上面弯曲着的身子和那擦地板的，浸在水桶里的，拧布条的两只手不相联的。她擦完过道的三分之一，听见门外很尖脆的弹了两下。奥康诺太太不声不响的倏的从厨房里飞出来。

“我早知道，”她很难过的说，“他来之前你一定擦不完的。赶快把那水迹渗干了，好让他进来，把胰子拿开，不要挡着道儿。”

她站在那里一手按着门把，玛丽听了她的指挥，两次急忙的动作移去了剩余的水迹之后，奥康诺太太拔开门键，她的侄子进来了。他在门口玛丽一眼便认识他，她的血立刻吓得冻住了，一会又羞得沸腾了。

奥康诺太太伸手挽了那个大的巡警进来，和他接了吻。

“我没有法子叫这种人按时候做事情，”她说，“她们都是这样慢。把你的帽子、外套挂起来，到客厅里来。”

那个巡警，目不转珠的钉着玛丽，伸手脱去身上的外套。他的两只眼睛，他的胡须，所有他的脸子，他的全身仿佛都在那里看她。他成了一个莫大的、可怕的问号。他摸摸他坚韧的胡须，从水桶边绕着过去，他又在客厅门口站定了，用他的怪样对着她。他好像要说话，但是他的话说给奥康诺太太了。

“怎么好？”她说，于是那扇门在他背后关上了。

玛丽这时极慢的重新跪下去在水桶边动手擦地板。她擦得极慢，有时在同一地方擦了两次三次都有。她一声一声的叹气，可是不觉得苦痛。这种叹气好像不是属于她的。她知道她在那里叹气，但是不能很确实的知道怎么这种抑郁的声音会从她唇边出来，当时她并不想要叹气，也不是有意的努力去做。她的脑筋里纯粹是空的，她什么也想不了，只看着水桶里地板上，一个个胰子泡的破裂和布条上挤下来一缕一缕水流的样子。这时有一桩事情她可以想的，如果她愿意想，但是她不愿意。

过了一会奥康诺太太出来，看看那过道说了一声好了。她付完玛丽工钱，告诉她明天再来，玛丽便回家去了。她一边走着，心里十分留神，不要踹着石路的线上，她在这些线的中间走，但是很感困难，因为这些线的距离不是一样的，所以她走时须用不一样的长短脚步。

十九

隔壁屋子里妇人名叫喀佛底太太。她的身子大而且圆，走起来衣服转动得像旋风似的。她好像常在那里转圆圈，她无论对哪方面笔直的走去，比方要到一架榨机前，刚走到半道蓦然一转又转到旁的地方去了，连她的衣服在她后面晃动得很厉害——这种转弯大概因为有许多孩子之故。做母亲的，时时得要丢开家务，向斜的方面奔，为得救她孩子们脱离许多危险。一个小囡和一个火炉好像磁铁似的互相吸引；一个年幼的男小囡常想要吃一个小罐或一块黑炭或一根青鱼的脊骨；一个女小孩与一个脏水桶是站在一起的，那个手抱着的小囡把一把小刀子塞在嘴里，那个双生子正要吞下一块大理石或在水桶里弄水，或那只猫要卧在他的脸上。真的有六个孩子的妇人从来不知道她的第二步应该向哪边走，为要保存她的后裔所使的那种不断的劲儿把许多做母亲的眼睛、胳膊、腿都变成了有规则的旋风。有的妇人到了这种情形很容易使性子，她可以刚把一个孩子打完几下，同时又抱他起来搂在怀里，她忽而厉声的恐吓，忽而宝贝心肝的呼唤，忽而警告，忽而劝戒，她的作为都是使人惊讶的相继不断。一个妇人有了六个孩子，她的身体与心理两方面都要向切线上走的，若是对于她的丈夫还得要麻烦或奉承，做到这样的妇人的生命比我们立刻可以了解那种混杂情形还要混杂。

玛丽到家的时候喀佛底太太正坐在她妈床上，两个小小囡同一只猫也在床上，两个大些的孩子在床下，还有两个在屋子里上下的狂跳。在后面的两个双生子有时学马跑，有时学开快车。他们装马的时候便作打喷嚏、马嘶、脚踢，他们开快车的时候便做向后退车、向旁错车、吹哨子、放汽管。在床下的两个孩子学做树林里的老虎，他们装的声音极像这种野兽在这种地方，他们拼命的对咬，作狂吼声，咆哮得简直同真的老虎一模一样，在床上的一对小囡在那里撞着玩，两人都站直了，向高处一纵，落下来倒在床上，这一碰又把他们弹了起来。他们每次一纵总是大声的叫嚷，每次落下来欢呼的彼此恭喜，有时他们落下来两人掉在一块便大嚷大乐的揪打。有时候他们还会落在莫须有太太身上。他们常常拿脑袋去撞她。他们的妈坐在床边上用极大的声音讲她丈夫的妹子的故事，她说她小姑子的模样在明眼人看来真是一副贱相，她说这段故事的工夫，因为孩子们吵得太厉害，所以一会骂这个，一会威吓那个，一会替这个辩护，一会替那个告饶，一会儿惊吓，一会儿失望，有时对单个人的，有时对全体的，喊他们时不是用名字就是用别名或者临时捏造出一个绰号来。

玛丽一见这个情形发呆了，站在门口不动。她一时间捉摸不到这许多吵闹的声音，她站在那里，喀佛底太太一眼便瞥见了她。

“进来，宝贝，”她说，“你妈这半天好极了。她用不着别的，只要有个好伴儿陪她，有几个孩子跟她玩玩。真的，”她继续说，“冲我的知识，一个女人顶好的药就是孩子们。他们不让你有生病的工夫，那种小把戏们！约翰，你不放你小妹，我打你脑瓜子，挪拉，不要惹他，你要挨打是怎么？依利萨伯，你上屋里去切一块面包给这两个小弟弟，放一点糖在上面，宝贝。好，你自己也拿一片，可怜的孩子，你也该吃一点的。”

莫须有太太坐在床上用两个枕头垫在后背。她的一条瘦长胳膊伸在外面挡住那一对双生，怕他们玩的时候撞在墙上。他们分明是她的好朋友了，他们时时来挤她，你也过来抱她，我也过来抱她，都跟她胡打乱闹的。她的样子差不多同平常一样了，她平日那种精神、活泼，全都恢复了。

“妈，你好一点没有？”玛丽说。

莫须有太太两手捧住她女儿的头，尽量吻她直到那两个双生要求她抱才把她们拆开了。

“我现在好多了，囡，”她说，“这些孩子们于我很有好处。到一点钟我可以起床了，我觉得我很好，不过喀佛底太太想我还是不起来的好。”

“我是这样说的，”喀佛底太太说，“我说大妈，你女儿没有回家之前你连一只脚也不要下床来。你明白吗，孩子，因为往往你以为病好了，身上觉得很舒服了，躺在床上没事做，只好起来散散闷，谁知第二天你病又发了，第三天加倍的厉害，到第四天也许要量尺寸预备给你做棺材了。以先我认识的一个妇人就是这样的——她起床来，她说我像平日一样了，她大吃一顿猪头肉和生菜、又洗了衣服，谁知不到一星期他们竟把她埋了。病是一件奇怪的东西。我说，你要是病了，便上床去歇着。”

“说是容易的。”莫须有太太说。

“这话原是不错，我难道会不明白，可怜，真是可怜，”喀佛底太太说，“可是你能躺多久，总得躺多久。”

“怎么样，你同奥康诺太太过得来吗？”莫须有太太说。

“就是那个女主家吗？”喀佛底太太问，“一只老狐狸，我敢说她。”

莫须有太太把奥康诺太太的几个重要的特点很简略的说了一遍。

“那些要人侍候的大都是怪物，老天爷知道的。”喀佛底太太说。

这时关于工作的问题很可以发生一段重大的辩论，但是那群孩子，不注意谈话，天翻地覆的吵闹，使说话不能进行。玛丽被诱入他们的游戏队里，这里面有抢四角，有放鹰捉兔，还夹一种跳背的游戏。不到五分钟工夫，她的头发、她的袜子全都掉下了，她后面的裙子有四分之三都到前面来。那两个双生在床上大呼大撞，他们把面包、牛油、糖屑一齐抹在床上和莫须有太太身上，同时他们的母亲对着莫须有太太高声讲她的故事，她的声调压倒了孩子们的喧嚷，正如同一个迷雾海上的汽筒压倒波涛的汹涌一样。

二十

玛丽将她第一天得的工钱全花了，买了几样好小菜给她母亲开胃。天刚一亮她便轻轻的爬起来，点着火，泡上茶，把她买的东西拿出来摊在床边上。她买的是一块咸肉，两根腊肠，两个鸡蛋，三片火腿，一个糖馒头，一便士的糖果和一只猪爪。这些东西还加面包、牛油、茶，一共堆了一堆，一个病人坐在这样一个食物堆里总可以吃满意了。玛丽于是唤醒了她，自己坐在一旁心甜意蜜的看着她妈的眼珠慢慢的，莫名其妙的，从这食物上滚到那食物上。莫须有太太用她的食指在每种食物上轻轻的摸了一摸，一一道了它们的名字，居然都没有叫错。于是她捡起一块有四种颜色的，像太阳的光彩似的，美丽的糖果放在嘴里。

"像这样的东西我从来没有见过，你这好孩子你。"她说。

玛丽将身子左右的摇荡，很快活的，高声的哈哈笑了，她们把每样都吃了一点，两人都很高兴。

莫须有太太说今晨她觉得完全好了。她一夜睡得很甜，还做了一梦，梦见她兄弟伯德哥站在美洲的极远的海边上，隔着大洋高声喊过来说不久他要回爱尔兰，他在美洲很得法，并且他还没有娶亲。他的模样一点没有改变，还像二十年前他与父亲同她三人在家时一样年轻，一样活泼。做了这个好梦，又睡了一觉好觉，她的力气精神完全恢复了。莫须有太太又对她女儿说她今天决计自己去做工。依她的是非的观念把她孩子做成一个短工的佣妇是不合式，特别是她和她女儿不久都要走好运了，这是很可靠的，差不多是确实无可疑的。

梦这样东西，莫须有太太说，不是没有来由的。有许多事情我们平常不知道在梦里会知道。她以先做过不少不少的梦，大都是应验的，所以她对于梦中的允许、警告或恐吓再也不能忽略了。虽然也有许多人做了梦没有结果，这大都是因为吃得过饱，或者是一种倏忽的轻浮的想像。比方酒醉的人常常梦见奇怪的可怕的事情，像这类人就是在醒的时候他们的朦胧的眼睛、朦胧的知识对于那些想像的仇敌往往很容易放大到超乎合理的比例之外，他们睡着了，他们的梦境当然也被这种朦胧、空虚的旋转与幻想所支配了。

玛丽说她有时一点梦也不做，有时做得很清楚，但是平常都是夜里做了梦，醒来全忘了。有一次她梦见一个人给了她一先令，她很小心的拿来藏在枕底下，这个梦很真很清楚的，她早晨醒来伸手到枕下去探探那先令在不在，但是没有。第二天晚上她又梦见同样的梦，她把幻象的钱塞到枕下的时候，她大声对自己说："我现在又做这个梦，昨夜我也做了这梦。"她妈说假使你连着做三次，必然有人真会给你一个先令的。对于这话玛丽极赞成，这自己承认她在第三夜竭力想要再做这个梦，但是不知为什么没有做。

"我兄弟从美洲回来之后，"莫须有太太说，"我们立刻离开此地搬到别地方去。我想他也许要在南边——莱斯法罕或忒宕纽那边，或者，也许在顿尼布鲁克——找所大一点的房子。他当然要找她去给他料理家务，照管佣人，每天预备新鲜的饭食等等事情，到那时候你可以出门到邻舍人家去做客，出去打网球或板球，出去吃饭。这些应酬也是一种重大的责任，不可免的。”

“你要吃什么样的饭食？”玛丽说。

莫须有太太两眼一闪，在床上把身子向前一曲；正要开口回答，只听见隔壁那个工人把门砰的一关，好像雷响似的滚下楼梯去了。莫须有太太立刻从床上跳下来；把头发绕了三绕梳起了，又像波涛奔腾似的奇怪的动作动了八下便穿完了她的衣服；她将每件穿带的东西安放在相当的地位以后，玛丽忙把别针给她别上——四个寻常的别针别在这边，两个安全的别针别在那边；穿齐之后，莫须有太太吻了她女儿十六次，于是飞下楼梯出门做工去了。

二十一

过了几分钟，喀佛底太太走进屋里来。她也像别的妇人似的每天早晨总要说她们丈夫的长短，因为做丈夫的一到早晨便是个难指挥的坏脾气的东西，没有喜欢脸儿，不灵动的，甚至对他自己的孩子都没有那种至性的趣味，并且很容易厌恶的误解她妻子的话。要消灭这种不欢，只要他混入别的男子队里。做丈夫的把那些男子仿佛当做一个大澡盆，他一跳下澡盆就把妻子、儿女、家庭内一切的安全一概不顾了，回头从澡盆里出来便换了一个新人，见了他妻子、儿女、家庭，又都有趣了，直到第二天的早晨。许多妇女以为这是一种苦痛，往往算作一种凌辱，虽然她们竭力要疗治这特别的伤痕，甚至会做点好饭去哄他，但是完全无效的，只好不断的去请教别的妇人，大家讨论这问题。喀佛底太太不过叫她丈夫照料那个小小囡，因为她要给他盛稀饭，谁知他竟厉声威吓她说，如果她来搅扰他，他要把稀饭泼在她颈根上。

她正为这一早的疯癫想来和她朋友商量，她一看莫须有太太已经出门去了，脸上立刻显露失望。但这只于是一时的。一般妇人大概都有一种对于妇女的社交智识。她们交际的态度总是很好的。其实，她们仿佛都是彼此猜忌，必得用种种可能的方法——恭维、奉承，或郑重的手段，去互相调和。女子之间彼此很少自由，因为除了两个极端相反的东西之间没有真的自由或真的相识。同类之间只不过外表相像，异类之间才有一个空间使彼此的好奇与精神都可以在那里探险。两个极端一定会相遇，相遇是因为他们的急迫的需要，也就是他们所以有距离的原因；他们距离愈远，回头愈速，他们的接近也就愈热烈；他们也许将各人撕成粉碎，也许彼此熔化成为不能熔化的，新奇的，但是再也产不出别的好东西。两性之间在交际上有一种非常的真自由。他们相识乃是识透了彼此的心理，一对不相识的男女在一刻钟之内可以完全相识。这大概是真的，他们见面不到几分钟彼此便竭力的说明自己；但是男子见了男子未必能如此，女子见了女子尤其不如此了，因为这些都是平行线永远不会相遇的。后者的相见，特别的，往往自始至终是在武装与算计的中立状态之中。她们用一种永远不离她们左右的严重的社交手段保守她们中间的距离与各人的意见，这种手段比什么都厉害，曾经帮助建立各种礼节，我们现代文明的一半差不多就是这些礼节。男子们都知道女子与女子同住没有不打架的，她们也得不到旁的女子像男子替女子做事所用的那种好心来替她们做事。如果这话不错，这理由不应该在女性间的复杂情形，如同猜忌或激烈的竞争里寻找，应该在女子永远忍受的那种身体上的循环不已的变动里寻找。男子能够并且愿意用他的拳头去答复别人对于他的侮辱，因此他们彼此见面反倒变为和平、好脾气了；女子在她们的同性与她们自己的容易受刺激的感情之间也设了种种的规矩礼节作她们的防御线。

喀佛底太太藏起她的失望，格外和颜悦色的同玛丽谈天。她坐在床边谈论凡是女子可以谈论的各种问题。人都以为女子虽然不断的谈话，但是她们的谈论总不出乎客厅与厨房之间，更详细的说，就是在楼顶的小屋与碗盏室之间，但是这两个极端比我们所想像的还要狭隘，因为从楼顶的小屋望出去只看见星宿，由碗盏室看出去往往是厨房的小院或一堆垃圾——她们的眼界就是她们的地平线。死与生的玄妙占据女子的心里远过于占据男子的心里，对于男子要以政治与商业的投机为最合式。女子深深的从事于直接的买卖和交易时所有的绝对的形式，所以女子对于商业的实际情形往往比较许多商人更明白。假使男子能知道家庭经济有女子所知的一半，他们的政治经济与他们的全体的重要政治也就不至于像现在这样无益的扰乱了。

以上这些话玛丽都觉得很有意思，还有一层，这时她正希望有人给她做伴。假使没有人在她身旁，她也许非遇见某种思想、记忆、影像不可，她心里恍惚觉得总以不遇见这些为是。她昨天的工作，她在屋内遇见的那位姑娘，那个巡警——所有这些记忆她在心里一一绕着躲开了。她决意把所有与这些记忆有关系的念头一齐抛开。如今在她意识内隐约浮泛的巡警不是一个合意的人，甚至于不是一个人，一个距离，仿佛是她儿时的一瞬，仿佛是已经忘了一半的怪物，一种永远不该复活的记忆。她的模糊的思想把他隐藏了，仿佛变成一个已死的人，她无论在哪里永远不会再见他。所以她决计把他关在她心内的不舒服的牢狱里，他虽然无力，依旧在那里挣扎，不定哪时好像一个奇怪的问题或忽然的羞赧蓦地里跳了出来。她把他隐在一个玫瑰色的红晕里，这红晕只要吹一口气便可以满面通红，她却掩在喀佛底太太的滔滔不绝的谈话后面躲着他，她仿佛从蒙面纱里望出来似的，时时望见他的帽尖，跷着的坚细的胡须和一对高耸的肩膀。她对着这些隐约的鬼相，就拿一大阵的话把他的鬼影子给淹了去，但是她知道他等着要捉她，而且他一定能捉住她，她想到这里，不由得不恨他了。

二十二

喀佛底太太提议要同玛丽出去买办那天的饭菜，她披上围巾，戴上帽子，吩咐了她的孩子们不许走近火炉、煤斗与脏水桶，她给了每人一片面包，又把每个孩子一一的交给其余的几个管束。同时，玛丽的细腻的打扮只剩戴帽子的两层手续了。

“等你有了孩子，我的宝贝，”喀佛底太太说，“你就不会这样打扮了。”她又告诉玛丽她自己年轻时她总要费一点半钟的工夫才能梳上她的头发，她特别注意穿一件外衣或别裙子在腰带上，这点事情要麻烦她两个钟头，但是她很高兴。“可是，”她大声说，“你一有孩子，所有这些打扮都完了。等你有了六个孩子，天天早晨要你给他们穿衣服，有的鞋子不见了，有的同别人的闹错了，一个个扭来扭去像盆里的鳗鱼似的，总要你把他们身上的魔鬼打出去才能够把他们的袜子穿上。你听罢，不是他们的脚趾头钻错了地方！就是埋怨你把别针扎了他们的肉！又说你把胰子抹了他们的眼睛！”——喀佛底太太翻着两眼，举起两手，对着房顶默默的埋怨上帝，既而又很绝望似的落了下来，好像她这样的人上帝永远不理会的——“一个个的够你打扮的，有一点余暇为你自己打扮那真是幸福。”她说。

她满口称赞玛丽的头发，她的相貌，她的脚小，她的眼大，她的身腰苗条，她的帽子，阔的鞋带。她这样公平、这样周到的赞美，她甚至在她们出去时说得玛丽脸都绯红了。玛丽一边感激她的赞美，一边又有小女孩子应有的那种自信，相信她自己确是漂亮的。

这是一个美丽的淡灰的天色，天空是沉重的，仿佛永远不能移动或改变似的，正是爱尔兰常有的那种满天云影的天气，空气非常澄清，连极远的地方可以望得毕真。在这样的天气，各样东西显露得极清楚。一条街已经不是一大堆房子害羞似的挤在一起，怕缩缩的惟恐人家看它们笑它们了。这时候每所房子都恢复了它的个性。那些街道有一种胜任的精神知道它们身上背着它们的马、汽车和电车，用一种谦逊的态度作它们的装饰如同用花冠作装饰的一样。这美不是平常有太阳时候的一类，因为太阳光只是逞年轻，一种落拓相。这天色可不同，历史的面目，千百种陈迹的记忆，全都展露了出来。就比是一副沉静的面目，由经验结成知识又由知识化生慈悲的智慧。伟大的社会性的美在这天色下的市街上闪亮，那天空阴沉沉的孵着，就比是一个有思想的前额。她们两人一路走，喀佛底太太计算她买的东西，仿佛一个带兵的将军计划他的战略。她的买东西与莫须有太太的买东西大不同，因为她所需要的是八口人的食料和衣料，莫须有太太不过是两口人的需要。莫须有太太是到离她家最近的铺子里去买，她同那个店主是有交情的。假使铺子里要的物价或给的东西稍有可疑的地方她立刻拿了去退回。第一次给她定的什么价钱便成了莫须有太太终身不变的标准，要脱离这个标准那是不行的。鸡蛋卖给别人都可以涨价，独有卖给她不能。假使莫须有太太一听得物价涨了，她立刻气的眼也睁大了，身体也战栗了，说话也多了，平日的交情也破坏了，非得她的条件被承认，并且定为适中的标准之后才肯罢休。喀佛底太太便不如此，她认为所有的店主都是各人的仇敌，也就是人类的仇敌，他们最好剥削穷人，所以凡是好百姓都应该用一种激烈的战争去反抗他们。她对于货物的材料，物质的好坏，新鲜的程度，本地与他处的价格这种智识很丰富。她利用一种很有效力的方法：在克兰勃拉西街上说莫利街上的价钱，假使那个店主不肯减去他的价格，她就会大声的不赞成，吵得别的主顾一看那个骗子的假面具被揭穿了，便都走开了。她的方法是出人不意的。她抓起一样东西向柜台上一放，嘴里说以下的话，“六个便士，多一个不要；我在莫利街上只花五个半便士就成了。”她知道所有的铺子里总有一种货品价钱特别便宜的，所以她交易的范围很广，她不是买完这样买那样，她常常离开她的战线，嘴里这样说“我们看看这里有什么”，她一进了铺子，她那只大圆眼睛只要一瞥便把千百条货物与价格的条目都摄了进去，并且永远不会忘记的。

喀佛底太太的女儿，挪拉，不久将行第一次的圣餐礼。这是一个小姑娘同她母亲一生中最重要的一个礼节。一套白洋纱衣服、蓝色腰带，一顶白洋纱帽子镶蓝色的缎条，棕色皮鞋，一双与棕色最近似的袜子——这些都得备办的。这是个对于这事有密切关系的人的重要时间。世上每个姑娘都曾行过这礼：她们都穿这样的衣服，这样的鞋，在这一两天内所有的妇人，无论她多大年纪，心里都爱那个行第一次圣餐礼的小姑娘。这事的魔力说不定比什么都厉害，可使一个过路人回想到他小孩的时代有目前的快乐，目前的好奇与前途种种的希望，种种的冒险。因此给女儿打扮得合式竟是一种对于公众的义务。做母亲的个个都很起劲的做那对的事情，并且竭力做到配受她的同伴的赞赏，哪怕就只一天的赞赏呢。

找一双棕色袜子同一双棕色鞋彼此要相配的是给喀佛底太太和玛

丽的一个难题，但是高兴的。鞋是已经买妥了，现在要找一双袜子与鞋的颜色一模一样的真不容易。论千的盒子都打开过，检选过，一个个都撂在半边，要完全相像的颜色终究没有找到。她们从这铺子出来到那铺子，走完这条街又走那条街，她们的寻觅带领她们穿过葛莱夫登街，路过看见一爿店，这店里喀佛底太太在一月前曾见过有同棕色相仿的袜子，现在要有，大概可以配得过了。

她们一路走去，路过大学院，走进那条曲折的街道，玛丽的心砰砰的跳起来了。这时她眼里既看不见来往的车辆与拥挤忙迫的过路人，耳内也听不见她身边那位同伴的热心的讲演。她的两眼尽对十字路口瞧。她不敢转过脸来，也不敢对喀佛底太太说什么，一转瞬她便看见了他，魁伟的，静默的，正合式的，那个他的世界里的帝王。他是背朝她，他的高大的肩膀，坚实的腿，红色的脖子同那剪得短短的铁丝似的头发很奇怪的射进她的眼内。这时她有一种特别的感觉，仿佛同他相熟的但又似隔膜的，这感觉使她两眼十分好奇的牢牢的钉住在他身上，她看得连喀佛底太太都注意了。

“那个男子很体面，”她说，“他用不着找姑娘去的。”

她说这话时她们两人正从那个巡警身边走过，玛丽知道她的眼睛刚离开他，他的视线差不多像机械似的立刻落在她的脸上。她暗喜这时幸有喀佛底太太在她身旁。假使她独自在那里，她一定急得快走了，差不多要飞跑了，现在有她的同伴给她勇气，使她镇静，所以她敢昂头阔步的走。但是她心里已经震荡了。她可以觉出他的眼珠从她头上直转到她脚上，她可以看见他的大手伸上来摸他的卷曲的胡须。所有这些她都可以从她受惊的脑筋里看见，但是她不能思想，她只能感谢上帝，因为她身上穿着那套最漂亮的衣服。

二十三

莫须有太太在那里计划赎回她病中当去的那些木器和家具。有的是在许多年以前她出嫁时从她父亲家里搬来的。这些东西是她生下来就看见的，她一生的记忆永远在它们的周围旋绕的老东西之中的几件。一把她父亲生前常坐的椅子，她丈夫向她求婚时曾在这椅子边上欠着身子坐过的，她女儿小时候曾在这椅子里缚过的。一长条地毯和几把刀叉是她一部分的妆奁。她极宝贝这些东西，假使她的工作可以赎它们回来，她决计不再舍弃它们。因此她不得不受像奥康诺太太这样人的气，这种气不是她愿意受，只因为上帝的命令勉强受的，这种命令虽然可以有合法的批评，但是必须要服从。莫须有太太很决绝的说她十分厌恶那个妇人。她是一个眼里无情的人，她的唯一的才能就是呼喝那些比她能干十二倍的人。莫须有太太不得不为这样一个人工作，服从她的申斥、听她的指挥实在是她的苦痛，所有这些事情她以为都不应该。她并不希望这个妇人倒霉，但是希望有那么一天，她一定会叫她老实，不再如此乱闹，这是她天天所期望的一日。无论什么人，只要收入富裕都可以赁一所房子，可以花钱雇人，并没有什么特别理由足以骄傲。许多人，假使有这样的收入，一定可以有一所装修齐备的房子，对待侍候他们的人会更大量、更和气。当然不能人人都有一个当巡警的侄子，有许多人还不愿意同巡警有一点关系哪。强横霸道的东西们，拿谁都当做贼看！假使莫须有太太有这样一个侄子，她一定要毁坏他的骄气——那个混账东西！这时莫须有太太渐渐的愤怒起来。她的黑眼睛里冒火了，她的大鼻子渐渐的缩小了，泛白了，她的两手使劲的抖擞着。“现在你不是在法庭上，你这猴子你，——我这样说，他的满脸的老腮胡子，他的大脚，除了他那种愚妄的自尊之外，世上没有比他的脚再大的东西。你有一个女儿的，是不是，奶奶，他说，她有多大年纪了，奶奶，他说，你的姑娘人好吗？奶奶，他说，——但是她止住了他——那个妇人得意他比一个皇帝得意他的皇冠还要得意！不要紧！”莫须有太太说，她在屋内奔过来奔过去的，把空气撕成了一片片的全都扔在背后。

不久她便一蹲身坐在地板上，把她的女儿的脑袋拉到她胸前，于是望着炉子里的碎火，一边很聪明的教导玛丽人生的许多事情与在各种情形之下做姑娘的行为动作——如果身体上不得舒服，也得使精神上舒服——那是她讲演的题目。你千万不要存心你是一个仆人，她说。给人工作本不算什么；坐在宝座上的皇帝，跪在神圣祭坛前的祭司，所有的人在无论什么地位都得工作，但是没有一个人用得着做仆人。一个人做了工，拿了工钱回去，他的灵魂依然是纯洁无疵。假使一个雇主是聪明的，好的，和善的，莫须有太太会立刻很谦恭的尊敬她。她给这种人做事做掉了指甲，做瘸了脚也都愿意；但是一个巡警或一位财主或一个专好呼来喝去的人！直到她死，埋在九泉之下，对于这种人她再也不肯让步，什么也不承认，除了他们的贼性与粗俗。对于这种人用不着以礼貌相待，她说，她也许已经在一个咒诅的大洋里横冲直撞的行驶了，要不是这时玛丽转过脸来，贴近她的胸膛，预备要开口。

忽然间玛丽的心里发生一种和平的幻景：这个幻景仿佛是大海里的一个绿岛，仿佛是烈日的天空中的一朵白云；一种受保护的生命，这生命里一切世俗的偏见是没有的，虚荣、希望和争斗乃是离得极远的愚鲁。谦卑、平安，有精神便是这个生命。她可以看见那些尼姑在她们墙圈内的花园里徘徊，手里数着念佛珠儿走来走去，小声的替世人的罪孽祈祷，或者心中带着严肃的愉快结队同行到礼拜堂去赞美上帝，或者穿着没到脚跟的长袍到大城里去看护病人，去安慰那些除了上帝以外没有别的安慰者的人——在僻静的地方祈祷，心里不害怕，不怀疑，不轻视！她看见这些事情不觉“心向往之”，她将这些事情告诉她母亲，她母亲摸着她的头发，抚弄她的两手，脸上带着微笑的听着她。但是她母亲不赞成这种事情。固然她谈起尼姑的心里总是尊敬的、感动的。她也认识多少文雅的可爱的女子是做尼姑的，并且在多少尼姑的面前她可以含着眼泪带着感情的崇拜她们，但是这一种受保护的有束缚的生命决不会是她的，她也不信会是玛丽的。对于她，女子的事务不是生命，钻进生命的艰难与奋斗里才是好的，这是一种洗涤，一种滋补。上帝用不着什么帮助，只有男子用得着，他需要的很急，给予这种帮助乃是女子的正当职务。到处都有需要帮助的男子，女子的寻求就是找一个最用得着她的帮助的男子，假使找得了以后就该永远归向他。她想生命中大部分的烦恼就是男子和女子不知道或不尽他们的义务，这个义务就是彼此相爱、相亲、相体贴。一个老伴儿，一个家庭同几个孩子——她从这些人的忠实的协作里看出幸福，模糊的看出一个大得不能讨论的大建筑的计划。人的善和恶同样的激动她，使她喜悦与生气，但是她的上帝是自由，她的宗教是爱。自由！即使那残留在军队式的世界的最末一点自由！那是她的性命。她一定不愿受一点灵魂的或肉体的监视支配她个人的生命。有人侵犯她这样行动的，她一定不遗余力的反对；这最末的一线自由为尼姑所牺牲的与所有的仆人和别人所卖掉的。一个人必须要工作，但是千万不要做奴隶——这两条法律她看作有同样的重要，世界的构造便以这些法律为枢纽，谁要违背这些法律便是上帝和人类的叛徒。

但是玛丽什么话也没有说。她母亲的两臂圈着她，忽然她靠在她向来亲热的胸前开始哭了。在那个爱的怀里，一个抵抗世界的柔和的壁垒，一扇从来不曾把她关在门外的或把她敌人引进来的大门，当然可以疗治她的苦痛。

二十四

像都白林这样一个小城里，一个人在几天之内可以遇见每个他所认识的人。在大街的每个转弯角上总有一个朋友，一个仇人，或一个讨厌东西大脚步的闯到你的身边来，因此一个人在没有转到无论哪一个弯去之前差不多像奉教似的虔诚的说一声“碰木头”[1]。不久，玛丽又遇见了那个高大的巡警。他从她身后走来傍着她走，很喜悦的、很流畅的对她说话，但是她的好奇心理从这喜悦的、流畅的态度中发现出些微模糊的差异来。玛丽回想以前仿佛他总是从身后来的，这种回想致使他的光荣减少到了最低点。真的，他的临近太像巡警的样子，太鬼祟了；他的来到暗示一种极大的侦视，暗示一种不是普通人的而是一个侦探的心理，他天生会追踪所有的人，他见了朋友不招呼，反倒捉拿他们。

他们俩一路走着，玛丽感到十二分的不舒服。她一声不响的只希望这男子走开，但是无论如何她不能使自己伤害一个这样伟大的男子

---

[1] 欧习，意思是一碰木头就可以消灾解厄。

的感情。一个女子要是伤害一个伟大的男子的最自然的威严没有不痛苦的；对于这事的羞赧使她觉得热烘烘的，他也许会脸红，也许会箝口结舌的说不出话来，她一想到此便难受有几个礼拜，仿佛她曾侮辱了一只大象或一个小孩。

她没有方法脱离他。她既没有勇气又没有经验可以帮助她拒绝一个男子而不伤他的感情，所以也许她就不得不继续傍着他走，一边他对她谈的是当时的政治与都白林城的地形的那种有知识的谈话。

但是，无可疑的，那个巡警的态度改变了，这理由也不难解释。他的谈话更流畅、更相熟了。以先他仿佛是从男子的有知识的山巅上俯身到女孩子的无能的、快乐的山谷里，现在呢，他是从一个巡警的尊贵与一个有身分的人降级到下等社会的、奇怪的沟壑里。在很多人，一个同伴的脑筋的卑次有一种好处，因为这使他们感到一种哲理的高超，他自己的个性的优殊，这种感觉是熨帖而且开豁的——这也并没有什么害处。进步的速度有时是有藉于饰伪、势利，以及庸俗的各种附属的可憎嫌的情形。势利是一个呱呱的孩子，但它会长成到一个满脸骚胡的野心，大多数的德性，一经分析，往往只是多种恶习的混合。但是一方面知识的贫乏虽则是可原谅，有时还可爱，社会等级的差别却只能供利用。我们同等级的人，不论怎样腐化，这是我们的朋友，我们的下属只是我们的鱼肉，所以自从那巡警先生发见了玛丽在别人家做洗刷的工作，他对她的尊敬简直在一刹那间萎缩到了零度；从此看来这世间上实在只有一件事是重大的卑污的罪恶，那就是穷。

在很多小地方，这种殊别与差异玛丽分明的感到。一个绅士与一个通达世故人的尊严已经部分的给修剪了去：绅士那一部分，这里的成分是和善与不苟言笑，是全没了的；通达世故那一部分留着，它那表现是一种随熟，这意思是这个那个，虽则不须明提却是彼此明白，是当然的。一种做作的平等在一种不着边际的情形上兴冲冲的却是不平稳的栖着，还有那下流的谄媚，这是一个做贼的唯一的本钱用来掩饰他的强盗的存心。因为当他们俩散步到了一条冷清的街上，那巡警就用一大堆的恭维话来补充他的敷衍的学问，为要找到一种适当的征象他蹂躏了天，蹂躏了地，也不放过深深的大海。玛丽的眼就同晴的天放在一起而天是比寒伧了，植物的生物的以及矿物的世界都叫搅乱了，大海捱了骂，所有自然与艺术的副产物全给比品得连笑话提都不值。玛丽一点子也不反对听到世界上所有的女人比到她自己超群出众的美貌全成了风瘫与丑怪，她也甘心爱那恭维她的人，只要他说得自然而且愉快。她也未尝不愿意做一个男子的安琪与王后，为平等地位起见，她也可以在她的情人身上发见那在埋没中的天神，并且她也可以真心诚意的相信这都是实在只要他能容他——但是这个男人说的并不是真话。她分明看出他是在那里胡扯。他有热心，却没有自然。热心都不能说，这只是贪心。他要一口吃了她下去，吃完了就跑，嘴里还撑着她的嚼不完的骨头，正如那南美洲吞鹿的大蛇口里横着一对鹿角，鲜明的凭据给他自己以及他的同类，证明他已经得到胜利并且曾经大嚼，这是一定能得到尊敬与艳羡的。但他是随熟的，他是欣欣得意的，还有——她发见这一点自觉骇然——他是巨大的。她不能在她知道的字里面在他的大上加一个形容字。她想到了怕人那个字，她就留下了它，但她的本能隐隐在坚持着另还有一个胖胖的、湿糟糟的字可以找得到，这在她的脑筋、她的手、她的脚都可以得到一种安慰。他不让他的手臂安定，在他的谈话间，她的胸前、她的肩上都感到它们要求注意的接触。每回他的手碰到了她的，它们就耽着不拿开。它们像是伟大的红色的蜘蛛，像是要浑身纠住她把她挤得黏稀稀的，同时他的脸冲着他一嘴的铁髯逼着要扎她到死……他也笑，他嘻着脸笑，他还跳；他的话现在只是不断的滑稽，说得他自己一阵阵的急笑，玛丽也跟着紧咻咻的发笑，如同一个顺服的快捷的回音：于是，突然的，不说一句话，闪电似的快，他一把抱住了她。街上冷清清的没有人影子，他捉住她活像一个伟大的蜘蛛，他的毛板刷似的骚胡一根根直往前冲的去扎她到死，然后，也不知怎的，她脱身了，离开了他；轻轻的，怕怕的，快快的逃下了那条街去。“等着，等着，”他叫着，“等着。”可是她没有等。

二十五

那天晚上喀佛底太太进来同莫须有太太闲谈。那个女人脸上还留着气愤的痕迹，她喝令那成群结队的紧随她身后的一串孩子不许作声的那种态度不如往常和气。往常她不过恐吓要打他们的脑袋，这日她认真打了他们，她走的时候周围哭哭啼啼的仿佛置身在大海里似的。

她的事情很不得法。她丈夫的生意萧条，所以这几天他赋闲在家，虽然那个高大的妇人已经减少了各方面的开销，但是她不能使那八个健壮的胃口正合那一点点的收入。她对莫须有太太愁她的苦经——孩子们不准，他们不能准你减少他们平常的一定的粮食，她觉得他们的食量每天，差不多每点钟，在那里增长，愈长长的愈可怕。她给他看她的右手，专为切面包起了一条梗，从此便破相了。

“上帝保佑我，”她很生气的大声说，“我应该叫这些孩子们挨饿吗？他们啼哭我难道打他们？他们要吃并不是他们的过失，他们没有东西吃并不是我的可怜的男人的过失。如果有人雇他，他很愿意出去做工，假使他找不着事，假使孩子们挨饿，是谁的过失？”

喀佛底太太以为总有地方有点不对，但是应该归罪于天时，还是雇主，还是政府，还是上帝，她便不得而知了，就连莫须有太太也是莫名其妙；不过她们两人都承认总有一个地方有点不合式，这种不合式于她们没有关系，但是它的影响在她们的贫穷上却已显然可见。同时，喀佛底太太不得不使自己适应在一个变迁的环境里。工资的涨落自然而然的使一个人的需要跟着有同样的扩大或缩小，因此他的生活的情形也显示了不同。一个有钱的人身体的与心理的活动都可以扩充到遥远的天边，但是贫穷的人只可以限定在他们的接近的、呆板的空气里，所以社会里大部分的生命都是靠着一种永远不息的变更，一种永远的从好到坏的摆动，一种扩大与缩小，他们对于这种扩大与缩小是没有保护的，连一点警告都没有。在自然界里，这个问题是与季节的伸缩作比例的；夏季里有它的丰富的粮食，冬季里接着就有它的饥荒，许多野居的生物可以节省粮食以备坏时候的需用，这种坏时候它们知道一定会来，并且是按期的，如同好时候一样。蜜蜂、松鼠以及许多其他的生物在它们的仓库里贮满了夏天田地里的余剩的粮食，鸟可以搬家，可以找有阳光、有粮食的地方去住，还有别的生物在好的时期内贮藏它们生命的精力预备到坏时候可以安然高卧。种种的组织可以适应它们的环境，因为环境的变迁是知道的，从有的方面多少可以预测的。但是人类的工作者没有这样的有规则。他的食期不随季节来去的。他们的变化没有定期，所以没有方法预防。他的身体上的组织很快的消耗他的精力，使他不能有所贮藏，不能靠着贮蓄去睡觉，加之，他的收入寻常总是很少的，不继续的，所以要节省也是不可能，也是笑活。因此人的生命就是不断的适应与再适应。他们对付与抵抗这些变化的强硬的能力，比他们所颂扬的常常引以为榜样的蚂蚁与蜜蜂的行为，巧妙得更可佩服。

喀佛底太太现在有钱不及以先的多，但是她还得像好日子里付同样的房租，养活同样的几个孩子，维持同样的体面，她的问题是要设法补偿她丈夫所够不到的钱，但是对于各种补偿的方法她都是外行。况且她可以行的方法又是极少。照顾孩子已经占据了做母亲的所有的时间，因此她不能到外面去找点可以减轻她苦痛的事情。虽然也有在家内做的职业，但这个又有极大的竞争，她得不到，缝一千万件衬衣赚一便士的女子已经远超过现在所需要的人数，除非你肯减价减到缝二千万件赚半便士，不然，这类工作是很难得到的。

在这情形之下，喀佛底太太实在是没有办法，只可以找一个房客进来。这是穷人中常做的一种合作的方法。从这种事业所得的直接的利益固然极少，但可以利用那大伙合买东西所占的便宜来补偿。许多人这样凑拢钱来买的东西比单个人买东西得益多，价钱又便宜，并且对于消耗与使用索取一种公平的代价，就是寻常所谓租房与侍候的代价，也可以得到些微的个人的利益。

由于隔壁店主的好意，喀佛底太太找到了一位房客，她鼓起一种永远与失望相连的勇气在她自己房间的间壁租定一间小屋子。这间屋子，用一种令人可惊的建筑的经济，里面有一个壁炉，一扇窗子。这屋的直径大约有一方英寸，当然是一间很好的屋子。那位房客预定第二天便搬进来，喀佛底太太说他确是一位很好的少年，并且不喝酒的。

二十六

喀佛底太太的房客按日子搬来了。他是年轻的，瘦得像一块薄板条似的，他的行动很乱。他不大住在屋里。只于为吃饭飞进家里来，吃完了又从家里飞出去，不到睡觉的时候他是不再出现的。喀佛底太太不知道他什么时候做什么事情，但是她情愿用她自己的灵魂来打赌——她相信她的灵魂很有价值——说他是一个很好的少年，除去他早晨被袱躺在地板上，枕头的一个犄角上有几点蜡油，同在椅子上擦皮鞋这几种毛病之外，他从不给你一点麻烦的。年轻的男子就是有这些毛病也正在我们意料之中的，假使不这样，倒教人家看了奇怪，要怀疑他是不是男性了。

莫须有太太回答说，年轻人，无论是男女，很少有整齐与洁净的习惯；尤其是男孩子，因为他们的母亲使他们从小就蠲弃了一切纯粹的家庭事务。许多人相信，她自己也相信，要使一个男人或男孩子严守家庭的法律是不相宜的。她以为假使要男子进门来脱去他们的靴子，将他们的帽子挂在一定的地方，那样，他们便失去了家庭的舒服。女子因为常住在家内，所以容易并且有条理的服从家庭立法的琐碎的法律，但是因为家庭全部的政策是使男子可以在家内居住，可以舒服，因此，所有家庭里的规律不妨收紧到一个极度，然后再折中一个办法出来可以融化甚至最古怪的癖性。她主张，男子因为在工作时间对于纪律已经服从够了，他的家庭应该是一个没有一点烦恼的地方，使他在那里享受于他有益的莫大的自由。

这些道理喀佛底太太都赞成，她又加上一大套述说她自己如何支配她丈夫的方法，与无论哪一个男人都可以极容易的管束；因为她觉得男子是最容易受管束，只要这个管束不太显明。假使一个男子一件事情连着做了两次，做那件事已经成为一种习惯，一种嗜好，这时如果有人干涉他，便会引起他的无理性的公牛似的狂怒，这狂怒使妻子与瓷器都一样的打得粉碎。所以做女人的只要察看她的爱人的个人习惯，然后以这标准来制定她的规律。这意思就是，男子创造法律，女子执行它们——这是一种分配权利的聪明办法，因为她知道女子的执行的职务与使法律成立的那种创造能力是同样的重要。她十二分的情愿把创造的权利让给男子，只要他们同样的不干涉以后的工作的细微条目，因为在她想来，在寻求舒服这件事上，男子们说起来并不是他们的体面实在比女子们更来得关心，他们利用抄近路的本能飞到他们的目的地，这种抄近路的方法女子是完全不熟悉的。

喀佛底太太看出那位已经搬来与她同住的少年实在是一位各种德行完备的人。孩子们一交给他手里，他便立刻同他们玩耍——这是一种秉性和善的记号。他认识她不到十分钟，他就说了四个笑话——这是一种心地快乐的记号。他每早醒来总是高声不断的歌唱，这是一种乐观的确乎不可疑的表示。还有一层，给他预备饭食，他吃的时候决不有那种特别的、讨厌的察看，这种察看实在是侮辱，他还要称赞喀佛底太太的烹调的手段，她很喜欢有人承认她的能干。

玛丽与她母亲两人都带着一种由恭敬与友爱应该发生的钦慕心很注意的听这些琐碎的事情。莫须有太太的生活的孤独情形使她与青年隔离有如此之远，甚至谈起一个年轻的男子来差不多像给了她一贴补药。她并不想再要第二个丈夫，但是她常常想要是有一个儿子她会多么高兴。她想没有青年男子生长的家庭不能算作一个家庭。她相信一个男孩子一定会爱他的母亲，即使不能比一个女儿的爱再多，至少也有一种异样的感情，这种感情一定是不可思议的甜美——一种卤莽的、冲动的、不安静的爱；一种试验他母亲的爱到了裂点的爱；一种要求的、不管不顾的、当然的要求的爱，毫无疑问的承受她的好处，正如她承受土地的膏腴一样，盲目的、趋奉的知道她有无穷尽的好处而用她。她可以为这个哭；这是无价的宝贵。一个男孩脸上的一笑可以使她心里高兴到极点。固然她的女孩儿已经是难以形容的可爱了，的确是她宽大的心中的一个小岛，但是要有一个男孩子……她的乳房可以为他充满了奶，她可以在乱石堆里、旷野里抚养他；他是她的生命，是她的冒险，保护暮年的一个屏障，一种解愁的符咒，一种芬芳，一段心事，一种淘气……

喀佛底太太对于她家里新添的那个人很满意，但是她希望可以从他的来而增加的利益却没有像她最初接洽时所想的那样大，这是十分显明的。那个少年仿佛有一个极大的饭量，喀佛底太太说起他的饭量来，恭敬的像谈什么极大的极可怕的东西似的。半个面包只不过填满他的半极饥肠，他很可以风卷残云似的再收拾他那半个。因此他的来不但不能免去她想要躲避的破产，这破产反而来得更快更凄惨了。她不知道这情形应该怎样对付，这次她确是为了讨论这重大的事情来找莫须有太太。固然她很可以要求那位少年增加那公平的、两头不吃亏的饭钱，但是她又讨厌这类办法。她不愿意为了一个惹人注目的食量去责备或麻烦人家。无论如何她不喜欢为食物提出问题来。因为一有这种念头便有伤她的大量的气度，并且因为她自己也是一个食欲的奴隶者，或主人。她自己也因为这个食欲以致扰乱了她的财政，这种同情更使她原谅这个青年的缺点。

莫须有太太劝她一起首就应该用许多麦粥塞住那个少年的饥饿的需要，麦粥是一样价钱便宜、滋养的并且很使人满足的食物，这样，他对于贵的食物的消耗便可以受情理以内的限制了。她以为食量大多半是因为年纪轻。一个没有长成的男孩既然没有方法限制他的食欲，如果为了这样一个很合理的缺点要去侮辱他实在是不应该。

喀佛底太太想这办法很可以做得，她多谢她朋友给她的指导；但是玛丽听了这些政治的事情，知道喀佛底太太这人不能再要求旁人的尊敬了。她可怜那位少年因为他的胃口如此受公然的讨论，可怜他为了他没有方法防卫的、疗治的饥饿，不定哪一天就会被逐出大门之外。

二十七

玛丽和喀佛底太太的那位房客不久便遇见了。有一天他从大门进来，玛丽正提着一大桶水上楼，一天之中要搬运两三次水桶实在是小家子的人的一桩吃力的事情。那个少年不顾她的推让、央告，立刻抢了水桶提上楼去了。他走在玛丽的前几步，走的时候很高兴的嘴里嘘嘘嘘的吹着哨，所以她能仔细的端详他。他很瘦，瘦得差不多要使她发笑，但是那个重水桶要是玛丽提了，腰也弯了，背也屈了，他提着却很轻便，像这样一个瘦人提着会这样轻便实在令人可惊，他走起来一纵一跳的，看了使人心里高兴的。他把水桶放在房门外，很恳切的要求她无论哪时候她要取水，只管打他的门，因为他给她做这种事情只有太高兴了，况且这又一点不麻烦的。当他说话时他偷偷的瞧她的脸，玛丽也在偷瞧他的脸，在他们发现彼此同时做这个事情的时候，两人立刻望他处看了，那个少年便走入自己屋子去了。

但是玛丽对于这个少年很生气。她下楼穿的是家常便衣，这衣服是不漂亮的，她不愿意叫无论哪一个少年瞧见她穿着不合这样一个时间的衣服。她不能想像她会同一个男子说话，除非她像赴宴会去似的打扮好了的。她母亲有时提起的，与她自己时常梦见的那些先生、太太们从来不穿敝衣的，那些先生们总是穿着绿绸的短衣，袖口上缀着浪沫似的花边，同样华丽的材料瀑布似的在他们的胸前汹涌。那些太太们衣服穿得很少，关于所以少穿的根本原则，虽然她认为是应该的，但是她不明白为什么。

真的，这时玛丽对于衣服的趣味远超过她从来所知道的别种趣味。她很熟悉葛莱夫登、威克洛与道森街上每爿衣服店的窗子里的内容。并且她能很聪明的奇怪的知道关于线或缝或边的显明的、微细的但是非常重要的差别，分别出这一件衣服是属于时新的，而它的隔壁一件只不过属于寻常的。她与她母亲时常讨论到使她惊怪——她们的灵魂的自然的尊严配穿的衣服。莫须有太太带着一种有些气不平的痕迹的谦卑承认她可以用颜色装扮的时期已经过去了。她断定一件黑绸衣服，胸前挂一条黄金粗链子最配她现在的灵魂。她不耐烦，差不多看不起，那些辉煌灿烂的灵魂不能与他们的物质的外表相称。她想一个人过了某个时代应该装饰身体，不应该装饰灵魂，她发见了这样东西是不能分离的，于是她主张一座破庙里应该有一位很小的神，一个丑陋的或败烂的躯壳不应该装饰得极华丽，不然，人家便要毁谤你是虚伪或愚笨。

但是她为玛丽计划衣服却带一种自由、勇敢的态度，这态度虽然使她女儿吃惊，同时也使她高兴。她将二十种不同的式样穿扎成一种令人可怕的独出心裁的新花样。她想出许多种，除去受神灵感动的针线外，无论什么工人做不出来的复杂的衣服，还有许多种差不多简单到不能以言语形容的简单衣服。她讨论那些着地拖的肥大的长袍，十个侍女牵着都觉吃力的。她还听说过一种材料轻松、软薄的衣服，塞在核桃壳里比一件寻常衣服装在旅行箱内还便当。玛丽对于各种可能的衣服和不可能的衣服加以许多喜悦和羡慕的感叹，莫须有太太于是又温习她自从三岁起一直到今日所有她穿过的衣服，其中有结婚的礼服，穿孝的丧服，以及穿着出去野游的、跳舞的、旅行的衣服，说话间她又有偶然岔入她的朋友和仇人在同时内所穿的衣服。她解释衣服的基本的原则给玛丽听，告诉她在这艺术里，如同别的艺术一样，不能不照规矩的。有的衣服长子可以穿，矮子也许不可以，穿在一个胖女人身上的衣服给她的瘦小的妹子穿了仿佛是一件很可怜的孝衣。细条子的布料可以使一个矮女人显得高，粗条子可以减少一个高得难办的长子的高度。她解释各种大小的棋盘纹布，方格子布以及所有的杂乱的丝光布的用处，她又说明关于颜色深浅亮暗的奥秘，说得津津有味使玛丽听不够的。她很知道与脸黑的人相配的颜色和与脸白的人相配的颜色，她也知道合乎黑白之间的人的颜色，还有对于红头发的与沙颜色的人和那些没有一点颜色的人各有特别的办法。她定下几条她女儿奉为神圣的规则——一个人在家里应配好她的眼睛，在街上应该配好她的头发，这是第一条；一个人的帽子、手套、鞋子，比其余一切的衣服都重要，这是又一条；一个人的头发的颜色和袜子的颜色应该很相近似的，这是第三条。接着她又告诉她女儿，一个女人不能不打扮好的，所有这些玛丽都牢牢的记在心里，她还要求她妈再多教点给她，这是她妈很能够并且很愿意做的。

二十八

等到性欲的本能一经惹起的时候，所有人、狗、青蛙、硬壳虫，与在这个目录以内或以外的其他生物都很固执的想满足他们的野心。凡是引诱我们的或拒绝我们的那种东西我们都不大容易摆脱。爱与恨同样的吸引或强迫，因为这两种都是变态的，所以不管我们高兴或苦痛，硬把我们拉着跟在它们的后面，直到最后我们的盲目的固执不是被征服便是得安慰。我们按着境遇所吩咐我们的或是赞美或是切齿。世上没有比仇恨胜利再惨的悲剧，也没有一桩事情像仇恨失败的那样可怜的无聊；因为仇恨就是终了，而终了是一个活动世界里的大罪恶。爱是一个开幕者，它在占领得来的山峰上展开它的旗子，永远向一个新的、更仁慈的冒险里冲锋。仇恨的胜利乃是从一个阴沟里得来的，这个阴沟外面看不见它的水平线，连一个跛脚的邮差也不会从这里走的。

自从玛丽从那个伟大的巡警的怀抱里逃走之后，他想念她比往常格外厉害；不过她的小影现在是在愤怒的宝座上。他看见她仿佛是一个立刻就有迅雷疾电的阴沉的晴天。真的，她开始将他的精神占领了，连他姑母的侍候，和那个喜悦的姑娘的殷勤都不能给他一点安慰，不能使他断绝那个朦胧的蔓延在他与他照管车辆的职务之间的默想。如果他没有发见她的出身寒微，他的进行是简单的、直爽的。在现在这样情形之下，他的问题便变成每个男子的难题了——究竟他娶这位姑娘呢，还是那位姑娘呢？但是用来解释这种问题的数学，结果总会减轻他的困难，他可以十分自由的遵行所指示的路径于他的自爱一点不会有妨碍。无论他的倾向在哪方面游移，假使他心里有一种懊悔的苦痛（那是不能不有的），这样的感觉不是最后被他的理性所放弃，便是留着做一个有满足爱好的纪念。如今他既然知道玛丽的社会的卑贱，这个问题便复杂了。因为，虽然以后他要娶她做妻子这一层自然不成问题的，她最后那种恶待他的情形仿佛在他血里注射了一针病毒，这病毒的一半是要得到她身体的一种热情，一半是要报复仇恨的一种癫狂。假使一起首她就没有理他，他倒很容易抛弃她的。他在她现在的动作里看出她是不要他，这真使他恼怒，因为这是侵犯他的正当的权利——以先他只要伸出手去，她一定会像小猫似的驯服落在他的手里，现在呢，她居然会躲避他的手，真的，她会于它没有一点关系；这种情形是不能饶恕的。他一定很高兴打到她服从，一个小女孩子有什么权利可以拒绝一个男子的，况且是一个巡警的恳求？这是一种刁歪的心性，应该用一根短棍把它打直的。但是一个小姑娘在她没有嫁我们之前，我们不能自重的甚至于安静的揪打，因此他不得不放弃那个宝贵的念头。他应该用她所该受的鄙视将她从他脑筋里驱除出去，但是，啊呀！他不能。她如同耳垂似的黏着不去，除非将她占领了或把她打一顿——两个都是可怕的办法——因为她已经变成他所憎恶的宝贝。他的感觉与他的自尊互相设法把她扶在一个高台上，而他只能惊愕的向上看——本来在他低下的那个她现在会比他高！这是可惊骇的。她一定得从她的尊高被拉下来，再用他自己的愤怒的脚底把她践踏回到她原来的低微；然后她可以再被荣耀的举起来，用一只和平的、宽恩的男子的手发放出饶赦与恩典，或者因为她的伤痕还赐给她一种抚慰的膏药。伤痕！一膝踝，一胳膊肘子——这都不算什么；一点儿伤口只要亲一下立刻就好的。可以用男子的接吻医治伤痕的女子会不宝贵吗？自然与先例都赌誓证明这话是对的……但是她是在他范围之外的；无论他的手伸到多高，也够不着她。他急疾的走到凤凰公园，到圣史蒂芬公园，又到郊外有树荫的地方同隐蔽的小路上，但是那里也没有她。他甚至于到她住宅的附近去探访，也不能遇见她。有一次他看见玛丽在路上走来，他便退缩到一家门洞里。一个年轻的男子在她旁边，滔滔不绝的说着话，玛丽对他也是同样的多谈。他们俩过去的时候，玛丽看见了他，脸上便红晕起来。她挽着她的同伴的手臂，两人放开大步急忙的走了……她对他从来不曾大谈过。永远是他一个人说话，而她总是一个服从的、感谢的听者。他从来没有不高兴她的缄默，但是她的隐晦——这是一种假装，比假装更坏，一种欺骗，一种假面具与蒙蔽着的虚伪。她很情愿的服从他，但是她的周围罩上一个隐藏的、保护的盔甲，她躲藏在这盔甲里可以不受那种制胜的军器的伤害。一个战胜者难道没有掳掠品吗？我们要求城墙上的钥匙以及无限制的出入，不然我们的火把又要放光了。这位有说有话的玛丽是他向来没有见过的。就是在他面前，她尚且还将自己隐藏起来。在各方面看起来，她是一个淘气的。可是她能对那个与她同在的东西说话……一个干瘪的贱东西，像这样的人只要男子的一口气便可以把他吹到极远，吹到四分五裂的没有了。这个男子不又是一种侮辱吗？难道她连埋葬她的死人还等不及吗？呸！她不值得他想念。一个女子这样的容易被引诱，可以随便吹到这里，吹到那里，她也看不出什么不同来。这里和那里在她看来都是一样的地方，他和他都是一样的人。像那样的女子没有好结果的。他见识过不少了，这种样子与这种结果永远不分离的。一个人难道不能就事实预言吗？这时他眼前仿佛看见在穷人窟里的一个坏妇人，一个卖淫女子在一个黑暗的门口徘徊，这个幻象使他忽然非常高兴，可是到了第二分钟便离开他了，这是她扑着翅膀带着大嘲笑的声音挤了进来。

他的姑妈从他紧蹙的眉心里推想到他的职业上的重大责任，心里很为他可怜，她为他从来所没有想到过的事情瞎难过，因此使他的好脾气的最末一点也离开了他，他便张口大骂她，骂得她惊惶起来。那另一个快乐的姑娘的那种甜美的味儿上从来没有尝过，只不过摆着做样子，她曾在他的面前默默的想心思，她有时候仿佛质问似的飞他一眼……她得小心点，不然他的火气要直冲到她牙齿里，大的声音吓到她的喉咙里，吓得她昏迷过去。这时应该有一个人显出一种看得见的，摸得出的痛苦可以与他做对偶。难道法律所追究的没有比偷一只手表再深的吗？有人偷了我们的自尊难道还可以逍遥法外？我们的灵魂对于他们的侵略者难道不能要求赔偿吗？总得有一个很富足的人修理他的裂痕，不然天堂便没有警察署公道，也许那个姑娘的运命应该替玛丽赎罪。使别人心里像他一样的难过，虽然是痛苦的，也是痛快的事情，应该叫别人难过的；他很残忍的决心要这样做。

二十九

喀佛底太太的房客与玛丽果然渐渐的亲密了，这并不是使了什么诡计。莫须有太太自从听了那个年轻男子的食量与他不得不满足这食量所经过的苦痛，她很为他提心。她总想那个孩子从来没有吃饱过，她对她女儿说起年轻人的贫苦格外的夸大其辞。一个年轻姑娘所不能了解的那种身体孱弱都是因为营养永远不足。喀佛底太太是她的朋友，并且又是一个很好的、端正的妇人，什么谣言诬蔑她都是枉费。但是喀佛底太太乃是六个孩子的母亲，究竟不敢过于扩充她的天生的仁爱学以致妨害她的孩子们。再者，因为她丈夫的没有事更限制了她的大度。她知道喀佛底太太家里的瘠瘦的饭锅，她又看见那个年轻男子只于得到喀佛底太太敢给他的一点食物，因此他的饥饿的苦痛差不多咬了她自己的生命。在这种情形之下她曾找了一个机会去同他亲近，这事很容易的成功了；所以玛丽看见他坐在她们的床上大嚼她们的半块面包，初见虽然有点惊愕，但是立刻就很高兴了。她妈带着一种恬静的愉快看着她们的食物的消失。虽然她的帮助不多，但是每一小块都有帮助，不但帮助了他的需要，并且他的食量满足之后连她的朋友，喀佛底太太，同她的孩子们也得了帮助。不然，这样的胃口竟可以妨碍他们全家的平安。

那个少年用一种很流畅的高谈阔论报答她们的厚意，说些莫须有太太和她女儿向来不大有机会可以研究的许多问题。他说了那些于少年们有关系的很有趣的问题，他对于各种问题的见解，虽然常很糊涂的，也很够有趣的，虽然常有孩子气的错误，但是不讨厌。他善于辩论，倒也颇能承受理性；因此莫须有太太有了她向来不大得到的讨论的机会。不知不觉的她占据了给他做指导的哲学的朋友的地位，而玛丽在他的谈论里也找到了新鲜的趣味，虽然那个少年的思想与她的很不同，他也曾按她所在的地位思想过，所以暗中纠缠他心里的问题也就是深深占据她脑筋的问题。共同的糊涂也许像共同的利益一样的互相牵制。我们对于一个比我们智识多的男子或女子仿佛是怀疑的，但是我们对于那种只凭推测代替地图，只以优游代替指导的探险家，便许他用我们的手做他自己的手，把我们的钱袋作做自己的财产。

那个少年既然不比一只猫更怕羞，不久他便与玛丽晚上一同出去散步了。他是一爿大杂货店内的一个伙计，他告诉玛丽许多于他们两人都认为很有趣的事情。因为在他的职业的地位内既有朋友也有仇人，这些人他可以用于他们相配的流畅的话来讲。玛丽知道，比仿说，那个大老板是秃子，但是人很端正（她看不出秃子与端正之间有什么自然的关系），还有那个二老板，是一个既无德行又无胡子的人。（她仿佛见他像一个鳖鱼似的有一双恶毒的眼睛。）他述说那许多在旁人只有一件，在他可是占全了的坏事。（这样他一定是毛茸茸的。）言语，就是那位少年的言语，不能适当的形容他。（他把男孩子当早餐吃，女孩子当茶喝。）那个少年与这个家伙永远不完的冲突（一只熊有两只小耳朵与一嘴巨牙），不是公然的冲突，因为若是公然冲突他便立刻会被辞退（一点不是毛茸茸的——一条智识很充足的黏滑的鳗鱼），而是一种暗地里的不息的战争，这种战争占据了他们所有空闲的精神。那位少年知道总有一天他不得不打那家伙，这是一定的，可是那一天那个家伙准要倒霉的，因为他的力气其实可怕。他告诉玛丽被他打后的可怕的影响，但是玛丽看了少年的肌肉只有更怀疑。她口里称赞他的肌肉因为她想这是她应该尽的义务，但是对于他们的无敌的破坏性多少有点疑惑。有一次她问他能不能够与一个巡警决斗，他告诉她说巡警不能单独与人决斗，只可以仗人多合伙儿打，他们那打法是又很又丑的，往往就靠他们那大脚靴子踢；所以体面人对于他们的决斗伎俩或他们的私人行为都看不起的。他告诉她不但他能打倒一个巡警，他还可以压服像这样的人的子子孙孙，并且可以一点不费力的做了。那位少年自己承认对于所有的巡警与大兵有一种激烈的恶感，他又把那些地主与许多劳动者的雇主也列入这些坏人的团体里。他骂这些人没有一个待人公道的。他说，一个巡警可以无缘无故的捉拿他的邻舍，如果对于他们的愤怒有所反抗，那个不幸的囚犯便要在他的监牢里被极凶猛的拉来拉去，直到他们的愤怒的威严缓和了为止。一个男子犯的要被捉拿的三种大罪就是酒醉、骚扰，或是拒绝战斗，可是这些都是青年男子所最容易犯的毛病，他对于武力很有趣味，并且还要批评他们的行为。他看见一个兵丁便会烦恼，因为他看见一个战胜者昂头阔步的在他国内的都城里经过，而他的本地不能驱逐这个骄傲的人，实在使他惊讶，使他羞辱。地主们的心内毫没有感情的。他们这些人没有慈善的心肠，也不愿意帮助那些将全生命牺牲于他们的利益的人。他看他们好比是些懒惰、不生产的贪夫。他们口里永远嚷着“给，给”，但是他们从来不报恩的，只是有增不已的、侮辱人们的专横。还有许多雇主也列在这坏的一类里。他们是否认人类一切义务的人，他们看自己是万事的开始，也是万事的结局。他们满足他们的贪心并不是因为可以做他们同胞的恩主（只有这种正当的自由为我们所看得见的），只不过无聊的运用一点势力以达到财富所能得的赞美，至于给这种赞美的人实在是人类的大愚。这些人用完了他们的帮助者便一脚把他们踢得远远的，他们利用了他们的同胞。买了他们的同胞，又卖了他们的同胞，而他们的骄傲的自信与他们为他们的安全所聚集的伟大权力使他惊骇得仿佛这是一件不能相信的事情，虽然这是很真的。世上竟有这种事情使他烦恼得大声高呼了。他要把他们一个个指出来给大众看。他看见他的邻舍堵着耳朵，只要他能够刺破那些厚皮的听觉，他就是大声的喊到死也是愿意的，那些他以为极简单的难道人人都会不懂的？他可以看得很清楚而别人不能，虽然他们的眼睛笔直的向前看，并且的确专心的有感觉的向四下乱转！难道他们的眼睛、耳朵、脑筋活动得与他的不同，或者他是一个特别的怪物，生下来便受了疯狂的害？有的时候他预备让人类与爱尔兰都倒他们自己的霉去，他很相信假使世上没有他，他们立刻灭亡尽了。

有的时候他说起爱尔兰用一种热烈的感情，这种感情假使说给一个妇人听未免太厉害。真的，他把她（指爱尔兰）看做一个女子，仿佛王后似的，很受苦但是很高傲，他为她提心吊胆，凡是爱她的男子都是他的骨肉弟兄。有几个字（爱尔兰的别名）的势力差不多可以催眠他——只于这几个名字稍稍念几遍便使他乐得发狂了；它们有奥秘的魔术的意义，这意义深深的刺入他的心弦，震得他使他发生一阵热烈的怜悯与爱感。他很想做出一番勇敢的、激烈的、伟大的事业，这事业可以收回她的信用，可以使爱尔兰人的名字与伟大或独一这两个字有同样的意义。因为他看不清这几个字的意义的差别，如同别的少年以为强暴就是英雄，怪僻就是天才一样。他说起英国来带着一种仿佛惊吓的神气——仿佛一个小孩缩在一个漆黑的树林里讲那个鬼怪杀了他的父亲，掳了他的母亲，把她带到他的用枯骨建造的城堡里的一个可怕的监狱里——他这样的说英国。他看见一个英国人一手挽着一个王妃，凛凛可畏的大脚步的向前走，而他们的弟兄们与他们的武士们都是被困在魔术里倒头熟睡，不管人家侵犯他们的妇女，也不管人家污抹他们的盾牌……

“嗳，可怜可怜，那曾经一次荣耀过的班拔（即爱尔兰）民族！”

三十

那位巡警来叩她门的时候，莫须有太太吃了一惊。她家的叩门声是很稀有的，因为有人来拜访她还是许多年以前的事情。近来喀佛底太太虽然不断来同她谈话，但是她从不叩门的。她寻常总是高声叫“我可以进来吗？”于是她就进来。这一次是一种有礼貌的叩门声，不免使她惊讶，她看见那个高大的男子鞠躬着站在门口差不多使她气都噎住了。玛丽也是吓呆了，一动不动的站着，把一切礼貌都忘记了，只顾张着眼望着那个客人。她心里知道而又不知道他来是为什么；但是她多少可以立刻相信他来是与她有关系的，虽然她甚至于不能模糊的猜出那比较切近的他的来访的意思。他的眼睛钉了她一会，便转到她母亲的身上，他遵从了她的声音有些战栗的邀请，便走进屋来。屋内没有椅子坐，莫须有太太不得已请他床上坐，他如命坐下了。她以为他来也许是奥康诺太太叫他捎什么信来，她对于她所认为乱闯的这种拜访心理有点生气，所以，等他坐定之后，要听他说什么话。

甚至于连她也看出了那个高大的男子神情的迷乱，脸上的不好意思。他的帽子放得不是个地方，他的两手也是如此，他说话的声音燥涩得使人难受。这时玛丽退缩到屋子的尽底头，这种不舒服的说话对于她有一种特别的影响；这种摇撼不定的声音触动了她的胸头，使她胸中像那声音一样的震荡，她的嗓子渐渐的发干，使她难过得禁不住一阵大咳，这件事情又加上因他的来所给她的那种刺激与惊慌逼得她万分的痛苦。但是她的眼睛不能离开他，她心里只是怀疑，又是害怕，不知他会说出什么话来。她知道他有许多事情可以讨论，不过这种事情她不愿意在她母亲面前听，并且她母亲听了也会不愿意。

他谈了一会天气，莫须有太太带着她没有设法隐藏的那种恍惚的神情倾耳听着他。她明知道他并不是要谈天气，假使有适当的机会她便要说破他。她也知道他的来访并不是一种礼貌的、友谊的往还——与他最末次的相见的回忆禁止她有这样的推测，因为那时候礼貌已经退位，让怒骂给占据了。假使他的姑妈派他来捎信给她，他说话用不着客套，只要报告他的消息便了，也犯不着为了这小小的职务就变成他现在这样的彷徨的形景。莫须有太太注视他的时候一种可怕的感觉触动了她，所以她问他有什么事情她可以给他做的时候，她的声音是一种很不自然的调子。

那个巡警突然用一种仿佛抛锚似的手势一直钻到他的问题的中心，他说话时莫须有太太脸上的颜色很快的由迷乱变成好奇，一时又迷惑起来，又变成一种空洞的惊愕。他说完了开场的几句话，她便扭转半个脸去注视玛丽，但是一种模糊的羞耻禁止她窥探她女儿的眼睛。玛丽待她不公道这件事情使她很快的很苦痛的觉到了。这里有一种应该信托给做母亲的秘密，一种她不相信玛丽会瞒着她的秘密；所以，她用自己的感觉来猜度她女儿的感觉，她拿定主意不去看她，为得怕她眼睛里的惊骇伤了她所爱的女孩，并且她知道这时她女孩的心里一定非常的苦痛——无容疑的那个男子是提议要娶她的女儿，这样一个提议的出乎意外使她心里吃惊；但是他们俩以先一定来往过不少次并且也曾求婚过这件事情于她是很明白了。玛丽也在昏迷中听他说话。这时难道一点没有方法脱离那个男子吗？像这样的一种脱不了身的黏胶她觉得实在可恨。她此刻感觉着仿佛她是一个被残忍的不顾虑的猎人所追赶的人。她仿佛听他在云端里说话，她心里只有一件事情明白的就是她知道她妈一定在那里揣想。她又是怕，又是惭愧，而那种年轻人往往用来当做避难所的愠怒仿佛像黑暗似的落在她心里。她的脸渐渐的沉重、空洞起来，她装作与过去的事情毫无关系似的眼望着她的面前。她一点不相信是诚意的。她的目前的不舒服证明他是一个只于居心要使她和她母亲两人吵架，好满足一种无处发泄的愤怒罢了。她心里三番两次的忽然火冒上来了，恨不得点着脚趾逃出这间屋子。在一晃之间，她便可以脱离这个地方，逃下楼梯，到了街上，走到无论哪里去。她的耳鸣与她的幻想一样的快；但是她知道她母亲的一句话便可以像屏风似的挡住她不让她走，她想起他可以看见她俯首服从的这种念头心里忿极了。

他说话时他并不看玛丽。他告诉莫须有太太他十分爱她的女儿，他求她的允许赞成他求婚。他给她知道他同玛丽已经有许多次互相认识的机会，并且对于婚事的意见彼此都是一致——这时在莫须有太太的脑筋里想起以先她与她女儿曾经有一次谈话，那时候玛丽想要知道一个巡警是不是一个女子可以嫁的理想的人。现在她明白这句问话的意思了，这不是被一种可赞美的，差不多一种科学的好奇所引起的，乃是一个阴谋者在欺骗中所成就的那种有利害关系的、狡猾的推想。玛丽可以看出那个记忆在她妈脑筋里来回的飞舞，这事情很使她苦痛。她妈的心里也是不舒服——那里又没有椅子可以坐，她得站着听那个多少感觉点舒服的他坐在床上说那些话。假使她也坐着，她便可以驾御她的思想，还可以很从容的对付眼前的情形；但是站着的时候要态度自如是不容易的。她的两手交叉着搁在胸前，这种像女学生的态度使她讨厌，也使她拘束。还有一层，那个男子所说的仿佛都是肺腑之言。至少他的话仿佛不是假的，并且挤出这些话来的那个目的也是真的。她不能够放纵她的感情同时能避免放蛮，这种放蛮就是她在忿怒之中也觉得是不该，真的，连一想起都要脸红。也许他的没有资格的主要原因是为他与奥康诺太太有关系，其实这一层不能算他的过失，并且她也很为他可怜。但是这确是一种不能挽救的缺点。他尽可以脱离他的职业，或他的宗教，或他的国家，但是他不能摆脱他的姑妈，因为他的皮肤底下带着她；他是她又加上一点别的东西，在有的时候莫须有太太从那巡警的眼内可以看见奥康诺太太小心翼翼的在那里看着她；他的前额的一扭，像一个幽灵似的她隐约的现在那里，忽而消灭，忽而又出现了。这个男子是被她毁坏的。虽然他并不缺少知识，并且他愿娶她女儿的这个事实证明他不是像她所想像的那样完全不可救。

这时候，他说完了他爱她的女儿与他们两人的性质可以合得上来的话，他又谈到关于他的世俗的事情，如同他当巡警的薪水，他的位置的可以升迁，升迁之后薪水也就跟着增加，还有一定的养老恩俸。此外，他的父母死后也可以得到钱财的增加，或许别的亲戚死后也可以合理的希望收入的扩大。固然他一点不愿意谈到这些事情。但是那位莫须有太太的板板的态度与她女儿的含怒的无情强迫了他，虽然不愿意的，从他的军器库里掏出些虽然不是贵重的军器。他不料到她们会这样固执；他总以为那个大一点的妇人听他要娶她的女儿心里一定乐了，等到一看那拥护这个想像的证据没有来，于是他不得不求告他以为占据在每个做苦工的中年妇人心里的那种贪心。但是这些话听完了，对方依旧是漠然不动中。他很可以在她所立的地方打她几下。他的身体不时的紧张到一种狂暴的、身体的爆发，一种感情的火热的狂怒，甚至于可以把这两个妇人吓得纳头跪倒，那时候他的一嚷可以把她们的惊叫压成了一点轻轻的低语，正如一个男子应该做的。然而他连停止说话都不敢，他竭力装作一种自如的、好脾气的、半不在意的态度表白他的事情，这种情形使他与那二位听者都是非常苦痛。还有她们两人站着也使他不得劲儿——像这样一个会见的空气所应该有的那种愉快的平等在一起首已给破坏了，已经坐下之后，他也不愿重新立起来。他觉得他的身子粘在他所坐的床上，他又觉得假使这时他立起身来，这间屋子里的紧张的程度会松懈到如此，那位莫须有太太会立刻说出冷嘲的决绝的话来，或者她的女儿同样决绝的破口辱骂他，拒绝他。他不敢正眼看她，但是从他眼角边可以看见她直挺挺的站在火炉面前，一种与他常见的柔顺的样子迥乎不同的态度差不多令人生厌。这时如果他身子能出这间屋子他一定会感谢上帝，但是如何可以逃出这屋子他就不知道了。他的自尊禁止他有如同不光荣的退避这一类事情。他的兴奋的精神不许他动一动。而刺激他身体与心理的表面的那个怒气只于被一种怕惧的本能给压住了。他所怕的就是万一他动了，他怎么办呢，因此，他带着可怕的嬉戏的态度开始说到他自己，他个人的品行，他的节省和稳健——他拣那些凡为许多女子所依赖的各种德行说了。他又郑重其事的说他所犯的几种小毛病，他所以如此只因为说话而已，如同吸烟，喝杯把葡萄酒，偶然花一个先令去赌跑马。

玛丽含怒的，专心听了他一会。她是他的非常的谈话之中的题目，这个事实在一起首就增加了她的思想的速度。假使这段事情不这样严重，她一定很高兴看她自己在这个奇怪的地位，并且可以抱定十分客观的态度尝试这个冒险的全体的精神。及至她听到他“说到她的头上来了”，把所有他们两人在一块儿散步，到饭店里吃饭，在大街上、公园里游玩，这一次那一次他对她说的什么话，以及她对于这个问题、那个问题所说的话一齐在她母亲面前和盘托出了之后，她看他不过是一个恶毒的、不受教育的人；后来他竟暗示她之对于婚姻与他一样的热心，把一个须在第二人面前拒绝他的可怕的责任放到她的身上，于是她关上了她的思想，按住了她的耳朵，不去理他，她决意拒绝去听他的说话，虽然她的知觉依然辨认他谈话的意思。她听他的话是一种沉重的、乏味的嗡嗡之声，好像是从浓雾里传来似的。她打定主意假定他们两人之中无论哪一个问她什么话，她会给一个老不答复，眼也不朝他们，后来她又想她要蹬足怒声说她恨他，他看不起她因为她给他的姑妈做工，他为她惭愧，与她绝交都因为她穷苦，他同她散步，同时又和别的女子散步，他的追随她只因为要缠扰她，她不爱他，她甚至于不喜欢他，真的，她从心里不喜欢他。她愿意把所有这些话从一口急气里大声说出来，但是她惟恐在她没有开口之前脸先红了，或者更甚于此，竟会大哭起来，失去了一切的庄严，这种庄严她要在他的面前维持，为得要给他看她那个正是为他得不到的最好的态度。

但是那个高大的男子的话已经说完了。他几次设法再要提到为他们两人的结合的希望，还有将来他们结婚之后倘得莫须有太太和他们同住实在是他的幸福。他不愿意发现玛丽对于这个问题有怀疑的态度，因为直到他走到她们的门口时他还没有怀疑到她会不愿意。她最近的躲避他，他当做这是女子的以退为进的战略。他深信那个不愿意的人是他自己——是他迁就她，他心里经过了一场很激烈的争执之后才能这样迁就。他很知道他的亲戚、他的朋友对于这件事的惊诧与不赞成，因为像他这样的地位这样体格的男子看出姑娘们来都是些贱东西，就是最好的姑娘也只要一求便能到手的。因此，这位姑娘竟会认真的拒绝他的求婚真使他大吃一惊。可是他再没有别的话可说了，于是支吾着以至于缄默不说了。

有一两分钟的工夫这间小屋里非常的寂静，寂静得仿佛像无穷似的嗡嗡。于是莫须有太太叹了一口气说。

“我不明白，”她说，“为什么你要告诉我这件事情，因为在你们两人来往之先我的女儿同你连一点暗示都没有给我。我不明白为什么玛丽或把这样一个秘密瞒着她的亲娘。也许我虐待她了，恐吓她了，虽然我不记得我做过什么事情会使她那样的背弃我，或者，也许，她想我不聪明，像她婚姻这样的大事我不会管，上帝是知道的，做老人的心眼儿最傻不过了，要不然她们便不会那样一年到头，一天到晚的，为她们的儿女做牛马吃苦头了。一个孩子因为她的母亲是个傻子使她不能信托而会说谎话乱跑街，会同路上第一个向她颔首的男子跑，那是一点不稀奇的。当然，我不会希望像你这样有身分的人来告诉我那件事，那是我也许在那里给你的姑母家里的厨房或过道擦地板，而你和别的人同坐在客厅里。当然的我不过是一个做短工的老太婆，我心里想什么，或赞成什么，或不赞成什么，那有什么相干。我不是做了工得到我的工钱了吗，一个人在这世上还想要什么？至于你们俩结婚之后邀我与你们同住——这是你的好意；但是这不是我的愿意，因为假使我与你没有关系的时候我不喜欢你，等你做了我的女婿，我也未必就喜欢你。先生，请你原谅，我要说一句话，我们既然说话，最好痛痛快快的把话说出来，我的话就是这样，我从不曾喜欢过你，以后我也决不会喜欢你，并且我愿意赶快看见我的女儿嫁给无论哪一个人，却不愿意看她嫁给你。但是，关于这一层实在也用不着我说；这不都是玛丽的事情吗，这是无可疑的，她同你一定会料理得很好的。现在她对于料理事情是一个熟手了，如同你一样。并且这也于我有好处，我可以从她学点东西。”

莫须有太太手里拿了一块破布，走到火炉旁去动手擦炉子。

那个高大的男子眼睛看着玛丽。这是他身上的责任应该说点什么。他有两次打算要说话，但每次他觉得他要说到关于天气的问题，他便止住了。玛丽并不看他；她的两眼牢牢的停在一块离着他的周围很远的墙上，这觉得她仿佛对于自己赌过咒一辈子不再看他了似的。但是这间屋内的十二分的寂静真有点难堪了。他知道他应该站起身来走出去，但他不能叫他的身子这样做。他的自爱，他的体力不许有一种很驯服的退让。这时他从恍惚、呆木中得到了一个念头——就是他曾爱顾的那个胆怯的小东西，假使他把那个问题直接问她，一定不至于找出强硬的勇气来对准了反对他，于是他又想要说话了。

“玛丽，你母亲气我们了，”他说，“我想她是应该生气的；但是以前我所以没有告诉她的缘故，我承认假使我做的是正当的事情我应该告诉的，是因为同她遇见的机会不多。并且没有一次遇见她同时没有旁人在那里的。我想你所以一点没有提起的缘故，是因为你要等你自己同我有了十分的把握然后再说。我们两人没有把这件事情公开实在都错了，但是你母亲知道了我们不是有意触犯她或者在她背后做了什么之后，也许她会原谅我们。你的母亲仿佛是在憎我，我不知道为什么，因为她还一点不知道我，并且我从来不曾做什么难为她的事情或说一句反抗她的话。也许等到她知道我如同你知道我一样的时候她会改变她的思想的，但是你知道我爱你比爱谁都厉害，我会教你高兴，会做你的好丈夫。当着你母亲面前我要问你的话是——你肯嫁我吗？”

玛丽没有答复。她不看也不表示一点她已经听见了的神气。但是现在是她没有胆量看他。被她与她母亲两人所窘的那个高大男子恳切的向她求情，虽然她和他明知道这是白求，假使这时她看了他的样子，她一定会伤心。她不得不佩服他所做的这种男性的奋斗。连她立刻所能觉察的，他的说话的诡计与手段差不多都能感动她流下泪来；但是她心里非常害怕，万一她接触了他的视线，她也许无力抵抗他的大失望了，不一定她会被强迫去做无论什么他所要求的，甚至于违反她自己的意思的事情。

在他问话之后的寂静很沉重的压在他们大家的身上。这时只有莫须有太太打破了这个寂静，她手里擦着那个火炉格子，嘴里开始哼一个调子。她意思要表示她对于这事情满没有介意，但是在玛丽的沉默的面前，她可不能维持这种逍遥的态度了。过了一会她便绕到这边来开口说：

“为什么你不答复那位先生，玛丽？”

玛丽转过来看她，而她忍了好久的两包眼泪这时充满了她的两眼。虽然她还能使她的态度镇静，可是再也不能支配她的眼泪了。

“娘要问我什么我一定答复。”她小声说。

“那末，告诉那位先生你究竟愿意不愿意嫁他。”

“我不要嫁什么人。”玛丽说。

“并不要你嫁什么人，孩子，”莫须有太太说，“但是有一个人——这里这位先生，他的名字我并不知道。你知道他的名字吗？”

“不知道。”玛丽说。

“我的名字——”那个巡警开始说。

“那没有什么要紧，先生，”莫须有太太说，“你愿意嫁这位先生，玛丽？”

“不。”玛丽小声说。

“你爱他吗？”

玛丽扭过整个身子去躲避他。

“不。”她又小声的说。

“你想将来你会爱他吗？”

这时她心里所感觉的如同一只被追逐到一个犄角里的老鼠所感觉的一样。但是这事的结局一定是很近了；这件事情不能永远不完的，因为世上没有永远不完的事情的。她的嘴唇焦燥了，她的眼睛发烧了。她恨不得这时躺下，睡熟了再醒来，笑咪咪的说——“这是一场梦。”

她的答复差不多听不见了。“不。”她说。

“你有十分把握吗？最好永远能有十分的把握。”

她不再答复，只把轻轻的一点头作为给她母亲所需要的答复。

“你瞧，先生，”莫须有太太说，“你是误会了。我的女儿年纪还轻，还没有心思想到婚姻这类的事情。孩子们是没有心思的。实在对不起得很，她给了你这许多的麻烦，还要——”她忽然有点追悔，因为这时那个男子站了起来，脸上没有一点奥康诺太太的痕迹，只是沉重、严厉得如同一块砖墙似的。“请你此刻不要想我们太坏了，”莫须有太太有点惶遽不安的说，“总之这个孩子年纪太轻还不能向她求婚。也许一年或两年之后——我说的事情是我知道的，但是我不高兴，并且……”

那个高大的男子点一点头出去了。

玛丽跑到她母亲那里仿佛像一个病人似的悲痛起来，但是莫须有太太并不看她。她倒在床上，面朝着墙，她有好大工夫不同玛丽说话。

三十一

第二天，同喀佛底太太同居的那个少年进来的时候，他露着一种很可怜的样子。他的衣服是被撕破了，他的脸上贴着几长条橡皮膏。虽然这样，他的神气倒是非常的快乐。他说他同人家决斗来，这是他生平第一次大决斗，而他居然一点没有受伤，这次的决斗就是牺牲一注年俸他也不愿错过的。

喀佛底太太听了非常的气愤，带了他一直走到莫须有太太屋里，他到那里又得把他的故事重讲一遍，给他们看他的伤痕叫她们可怜。这一次连喀佛底先生也进这屋里来了。他是一个高大迟钝的人，很舒服的留一嘴红色胡须——他的胡须非常红非常显明，甚至这胡子差不多掩没了他其余的衣服，真的，仿佛是穿上一件衣服似的。他站在那里，那六个孩子在他的两腿间不息的钻出钻进，又轮流的踏他的脚背，但是一点没有使他不舒服。当这少年叙述的时候，喀佛底先生很庄重的时时用他右手的拳头使劲的打他的左手，并且要求把那个打人的人交给他。

那个少年说他回家的时候有一个天下少有的大人走近他的身边。

这人他以先从未见过一面；他起初以为他要借洋火或问到某处去的路径，或类乎这样的事情，因此他住了脚步；谁知那大人一把揪住了他的肩膀说“你这坏小子”，于是他笑了一声，举起那一只手来猛然给了他一掌。他一扭身子闪开了这一掌，并且说“这是干吗的？”于是那大人狠狠的又给了他一掌。这样的事情一个堂堂的男子是不受的，所以他举起左手来回了他一掌，又纵身过去用两条短胳膊给了他一顿，这一顿大概苦了那个家伙了；无论怎样，那个家伙没有用踢他的方法……那少年伸出他的指节来都是脱了皮的，流着血的，这是表示一种交战的证据；但是，他承认，你撞那个人的脸简直像撞一只煤袋一般。他们打了一会，两人都滑倒了，扭住在路上滚，他们躺在地上还你打我、我蹴你的厮打，这时一大群人跑过来把他们拉开了。他们分手之后他看见那个大人举起他的拳头，那个拉他的人忽的一低头拔起脚来逃他的命去了。其余的也就走开了，那个大人便走到他所站的地方瞪着两只大眼看他的脸。这人的下颌突出在外的仿佛一把椅子的座位，他的胡须仿佛是一簇猪鬃。那个少年对他说，无缘无故的侮辱人你到底怎么回事？这一刹那间那个高大个子转身走去了。这真是一场大决斗，那个少年说，但是那人的个子比他大得多。

讲这段故事的时候莫须有太太看了她女儿一两次。玛丽的脸色渐渐的发白，她微微一点头表示承认她母亲的揣测的正确；但是两人都觉得这时不必也不该说出她们的心意。那个少年不需要别人的怜悯也不要求报仇。他能有机会同一个有能耐的对手比武实在是非常的庆幸。他发见了他的勇敢超过他的力气，正如永远应该如此的，因为假使我们的弱小的臂膀不靠我们的强有力的眼睛的帮助，我们哪能够抵挡世上这些鬼怪呢？他对于这件事情表示的满意如同一个人得意一面胜利的旗子一样。莫须有太太也知道那个大人的举动只不过是他的刚强的投降者，他把他的刀不是好好的供献给那位战胜者，乃是连咒带骂的掷给他的；他侮辱她们的朋友实在就是尽他所能的，很热烈的，印象很深的与她们告别。于是她们喂饱他，称赞他，夸奖他的喇叭的尖响，一直到他又得意满足他的英武。

他与玛丽并没有间断他们晚间的散步。对于这事莫须有太太心里已经很有数了，虽然她没有说出来，可是她曾用过一番心思去察考他们两人的亲密逐渐发展，她看到这样心里一半是许可，一半是苦痛；因为关于她女儿已经不再是一个可以用权威管束、引导的孩子这一层她是很明白了。她的小姑娘已是一个大姑娘了；她已经长大了，并且急于要担负她自己生命内的事务。但是莫须有太太的母职也完了，她的手臂是空的。她是一个向来做惯母亲的人，无怪她现在不易放弃做妈的地位的特权，她的不平在她看来是正当而且有凭藉的，因为她有大篇话可说，是是非非都是按着理性来的。我们藉着知识与思想，只要用足工夫，总能看透一堵石墙的，因为我们看东西借用时间比借用眼力来得多。时间是校正各种近视眼的清晰的配景法，一个思想从时间里浮现出来，如同一棵树浮现在自然界里同样的显明。莫须有太太看出十七年间学习为母的事情不加一点说明，一点不客气的自动的一笔勾消了。她的世界在一小时间内倾坍了，遗留的灰烬洒满了她的头发与前额。后来她才发现那碎屑是有价值的，那尘埃是黄金的。她的爱一点没有变动并且无论什么事情不能变动它的，依然好好的存在她的心里。她更发现了做父母不是一件玩耍，也不是一种权利，只不过是一种义务；这是骇人的思想，照顾小的直到小的能够照顾自己为止。她从前所需要的那种精细的照顾只于是为现在的自由；她的嫩芽已经开花了，她不能再给加添花朵或香味了。凡是发现过的事情没有不是自然的，无论谁要拿他的脑门来反抗那个专制的强迫就是否认他自己的种族而承认他与野猪和山羊同类，因为猪羊可以用它们的铅脑门去反抗自然。世上还有共同的人类的平等，不单是血统的关系，还有性的关系，性也许可以受培养而长成一种密切的关系，比那不得不如此而片面的为母的热烈爱情更加宝贵，更加耐久，更加可爱。她在血统方面的职务已经尽了，现在是轮到她女儿担负她自己的职务，并且她会用那受智慧与好良心所指示的有意识的爱报答她母亲，这更可以证明她所受的教育。有了这一层莫须有太太又可以很高兴的笑了，因为她的手臂不过空了一会儿。自然的继续除了特别情形永远是继续的。她知道胸怀与臂膀不会空多久的，因此，莫须有太太坐着默想，将来没有别的不过是一种经验的延长，她很满足的笑了，因为一切都是很好。

三十二

假使意外的事情不常发生，人生便会是一个逻辑的、科学的进行，这种进行也许变成没有精神的，失去生命的目的而令人生厌的，但是自然很狡猾的改变各种样的方法，她用这些方法引诱或强迫我们去干那不是我们自己的，而是她的冒险。每个转弯角过去也许为一爿酒店或一座教堂，在那里也许有一个圣徒会沉沦，也许有一个罪人会悔过，在地平线之外你也许找着一个炸弹，一个酒醉的补锅匠，一只疯狗，或人家遗失的一个先令；这一类不期然的事情不论哪一种都可以强迫一个行路人在他走道的直线上拐上一个弯，另向一条岔道上走了去。这不期然的成分既经在世间上极寻常的一件事，那我们就不应得板起脸来批评所有离奇的人物，或是断说——“这些事情是不会有的”——因为这些事情真的会有。设想你自己陷入一个黑夜的道上，面对着一个手拿凶器、帽子盖没脸的强盗也许是一个完全不经的设想，但是你说这类的批评能有多少安慰给强盗？再设想一个穷到无可再穷的人居然会着了三个慈善的富翁是一种可能而且愉快的设想，我奇怪的是这类事情何以不多多逢着几次。只要最细小的凭证我就可以相信这类事情是有得逢着，只是平常为了或种缘故不很听得到罢了。

莫须有太太拆开了那夜邮差送来的信。她在未拆之前曾仔细研究过一番，又和她女儿讨论了所有会写这信的可能的人。那个信封是窄长的，信面上开的地名是一种快写而有笔力的字，M的尾梢比别的字母特别长特别秀丽。此外，那个信封上又印着一只鲜红的、满嘴蓬松胡子的、傻笑着的狮子，他的右爪子内极轻便的，但是凶狠狠的擎着一把斧子，为得恐吓那些敢私拆他人信件的人。

信内是几个文件，像是一种重要的原文的副稿，其中有一信莫须有太太在那夜未上床之前读了总有万把遍。信上说的是两年多前有一位伯德哥约瑟夫布拉地去世了。他的遗嘱是从纽约的一个地名很复杂的地方发的。他将下列的股份和股份保证金，就是：——还有以下所说的住宅、田地、大小房产以及世袭的财产，就是：——还有所有屋内的器具、书籍画片、好刻版、银器、细麻布、镜子、古玩、马车、酒、蜜酒，以及一切可消用的货品与凡是屋内的物件，还有所有当时放在银行里的存款与上文所说的那些股票、基金、股份和保证金等等在后所生的利息，一总遗赠给他的亲爱的阿姊玛丽爱利莫须有，原姓是布拉地。莫须有太太流了泪，求上帝不要愚弄一个不但穷而且是老了的妇人。那封信要她第二天，或在她最早方便的时候到以上所说的地址去，并且可以帮助取到那个对于所说的遗嘱必须的遗嘱检验特许证的。这信是由泼拉的丢和葛兰布律师公所签的名。

第二天莫须有太太和玛丽同到那两人的事务所去，取出几封信和几个文件给他们检查，那两位慈善家，泼拉的丢和葛兰布，对于她们的真实认为很满意，并且对她们表示一种热心，只要那两个女子所想到的无论什么事情他们愿意立刻效劳。莫须有太太立时应用那实验学派的敕令；她把一切事情都交给绝对真理的试验石，她要求预支五十镑钱。她说出这可惊的数目心里尽在战栗，但说话的声音并不如此。他们签了一张支票，遣一个大写送去，这人回来带了八张五镑钱的钞票，此外又有十个金镑。莫须有太太把这些藏了起来，回到家里，惊怪她还是活着。电车没有把她压死。汽车追她，她也闪开了。她一面将她的希望交给上帝，一面气急匆匆的把这心事诉说给那条拥挤的街道听。一个拐弯不打招呼的骑自行车的人她用上帝的名诅咒他，但她立刻把这咒诅收住了，换了祝福的口气，用一只苦痛的眼睛和一个祝福的声音对着那渐渐缩小的后背说话。有一会的工夫她和她女儿谁都没有说到她们的命运的变迁，只于隐隐的用些间接的方法；她们怕上帝听见，怕他的隆隆的笑声会震碎她们，虽然她们相信他。这日她们偷偷的，身上发烧的又出门去买……

次日早晨，莫须有太太照旧又去做她的工。她打算做完了奥康诺太太的一星期的工作（也许不到一星期就完了）。她要用特别的注意，诚实的眼睛，真的，正直的，批评的审视看看那个妇人，这种态度她以先是不能有的。她对玛丽说，也许奥康诺太太会说到胰子的事情。也许那个妇人对于这种或那种应该做的特别工作会提出些理论来。莫须有太太的黑眼睛含着一种安详的，一种人眼睛里少有的那种仁爱的愉快照着她的孩子。

那天晚上，玛丽和那个和她们邻居同住的少年出去散步，这已成为他们二人的习惯了。那个少年现在喂得很饱，这饱他以先从来不会知道过，所以连饥饿的最微远的小小的一线、一丝、一点都不留了；他打算在无论哪里用点力，但是他不能，结果，他只是像一个吃饱了的人所能有的那种颓丧样子。现在他的饥饿已经没有了，他以为其余的一切也都没有了。他的饥饿，他的情人，他的希望，他的好看（因为他的伤痕已经成熟到完全受伤的成熟的紫色）一切都没有了，没有了。

他将这话告诉玛丽，但她没有听他；他报告给那隆隆的天空，但是天空不理他。结果他只好闷声不响的傍着玛丽走，听她的计划、她的反复的心意，她要做的要买的东西，该送礼物的人和特别合乎这人或那人的礼物的种类，可以给钱的人与给多少钱，以及可以分配这些礼物的各种方法。她又说起帽子、衣服与某处的新房子——一个想不到的，超乎地理之外的广大无垠的某地方。他们向前走得很久，直到那少年发生一个为他常有的感觉。“食物”这个字忽然仿佛是一个值得最活泼的谈论的题目。他的精神抖擞起来了。他不再像一个固体似的，空间也属于他了，占据他了并且属于他了，所以他心里有了一个小调。他是饿了，又是人类的朋友了。现在什么事情都可能。那个姑娘呢？她不是在他身旁吗？要使爱尔兰和人类复活吗？那也做得到；只要有一点闲工夫凡是能想到的事情都能做；甚至他的好看都能恢复过来；他觉得他的伤痕的痛与紧，很实在的，欢喜的。他是一个命里注定要受伤的人；这些伤是他吃的肉、喝的饮料，是他的幸福、他的避难所——永远的避难所。我们不要理他罢，这时他很敏捷的走在玛丽身旁，用一个纤纤的手指探探他的半闭的眼睛，在他的眼睛完全闭上之前，因为那不幸的一掌，这眼永远是半闭的。他的联盟与维持者就是饥饿，为无论哪一个人，没有比饥饿再好的联盟。饥饿满足了，事情便完了；因为饥饿是生命、野心、好意和聪明，吃饱了就是所有这些的反面，就是贪婪、愚昧和衰败。

伤痕，除非它们是实在厉害，到后来总会好的，这没有别的原因，只因为它们非此不可。一切事物的无情的促迫或是趋向健康或是灭亡，或是生或是死，我们促迫我们的快乐或我们的苦痛到那逻辑的极端。因此，假使我们愿意活，我们一定得快乐。我们的脑袋也许是坚硬，但我们的心、我们的脚跟应该是很轻，不然我们便要灭亡。至于中庸之道——我们一点不必去理它；这也许不过是镀金的，这是很像用一种暗色的声音不好听的锡制造的，甚至不值得一偷的；我们的宝贝，除非有人偷，于我们是毫无用处。有那别人不要的东西乃是违反生命的规则；因此，你的啤酒得要冒泡，你的妻子得要美丽，你的小小的真理里面得要有一个酸梅——因为这是这样的；你的啤酒等你的朋友尝了有味才是有味。你的太太等别人知道的时候你才能知道，你的小小真理得有香味，不然就得灭亡。你要求一个大的真理吗？那末，喔，大野心家！你应该躲开你的朋友们去安安静静的坐着，假使你坐得够长久了，够安静了，真理也许会到你这里来；但在一切东西之中只有这样东西你不能偷的，县议会里也不能给你的。这东西虽然不能传递，但你也许可以得到。这是说不了的，但不是想不了的，这是一定的，说不出理由的会产生，如同你产生一样，并且是同样很少直接的影响。很久很久以前，那个世界刚在渺茫的开始的时候，有一个不管不顾的快乐的少年他说——“让真理到地狱里去”——它便往那里去了。这是他的不幸，他也跟着它去；这是我们的不幸，我们是他的子孙。恶这样东西不是把你杀了便是被你杀了（想到这里心里便舒服了），恶每向人类接战总是我们操胜利。但人类是胆怯的，相信中庸之道的，逃避的，退让的，不是他们的边境被那些黑暗的侵掠者蹂躏了，不到他们的城池、仓库、避难的地方危急的时候，他们是不愿意从事无论哪一个战争的。在那个我们称为进步的战争里，恶永远是进攻者但是被征服者，这正是应该的，因为要是没有了攻击和劫掠，人类也许就会昏睡在他的粮食袋上，也就会鼾睡而死；或者换句话说，缺少这些警醒和冒险，人类也许变成自蹦和固定了，被那道德的呆板的密度给压死了。生命中最有价值的要素，善之外就是恶。因为这两种的交相动作万事才有可能，因此（也许为你所喜欢的别的理由）让我们对那个勇敢的坏巡警友谊的摇一摇手，他的思想不是受那发给所有新兵的军营规则的管束的，他虽然投在维持秩序的兵队里，但他的灵魂里有那种混乱许可以“使一个跳舞的明星出现”。

至于玛丽呢——单从日常普通的礼貌说，骤然的分别也该皱一皱眉头，何况我们陪伴着她已有如此的长久，从小女孩子的不关心的简单时代起直到成年的同样不关心的但是复杂的事情的时代止。她的前途很远，记载她的历史的人未必是她的指导者。她会有冒险，因为人人都有的。她会战胜冒险，因为人人战胜的。她也许会遇见比那个巡警更勇敢更坏的人——我们把她留住吗？至少我这个人因为有别的紧要的事，只好吻一吻她的手指，脱一脱我的帽子，站在一旁，你也得同样的做，因为我愿意你这样。她要向前走，那时，做那运命所愿意的事情，运命愿意的事她不能少做，多做我们谁也不能希望的。

玛丽莫须有的故事，至此为止。

A Charwoman's Daughter

I

Mary Makebelieve lived with her mother in a small room at the very top of a big, dingy house in a Dublin back street. As long as she could remember she had lived in that top back room. She knew every crack in the ceiling, and they were numerous and of strange shapes. Every spot of mildew on the ancient wall-paper was familiar. She had, indeed, watched the growth of most from a grayish shade to a dark stain, from a spot to a great blob, and the holes in the skirting of the walls, out of which at nighttime the cockroaches came rattling, she knew also. There was but one window in the room, and when she wished to look out of it she had to push the window up, because the grime of many years had so encrusted the glass that it was of no more than the demi-semi-transparency of thin horn. When she did look there was nothing to see but a bulky array of chimney-pots crowning a next-door house, and these continually hurled jays of soot against her window; therefore, she did not care to look out often, for each time that she did so she was forced to wash herself, and as water had to be carried from the very bottom of the five-story house up hundreds and hundreds of stairs to her room, she disliked having to use too much water.

Her mother seldom washed at all. She held that washing was very unhealthy and took the natural gloss off the face, and that, moreover, soap either tightened the skin or made it wrinkle. Her own face was very tight in some places and very loose in others, and Mary Makebelieve often thought that the tight places were spots which her mother used to wash when she was young, and the loose parts were those which had never been washed at all. She thought that she would prefer to be either loose all over her face or tight all over it, and, therefore, when she washed she did it thoroughly, and when she abstained she allowed of no compromise.

Her mother's face was the color of old, old ivory. Her nose was like a great strong beak, and on it the skin was stretched very tightly, so that her nose shone dully when the candle was lit. Her eyes were big and as black as pools of ink and as bright as the eyes of a bird. Her hair also was black, it was as smooth as the finest silk, and when unloosened it hung straightly down, shining about her ivory face. Her lips were thin and scarcely colored at all, and her hands were sharp, quick hands, seeming all knuckle when she closed them and all fingers when they were opened again.

Mary Makebelieve loved her mother very dearly, and her mother returned her affection with an overwhelming passion that sometimes surged into physically painful caresses. When her mother hugged her for any length of time she soon wept, rocking herself and her daughter to and fro, and her clutch became then so frantic that poor Mary Makebelieve found it difficult to draw her breath; but she would not for the world have disturbed the career of her mother's love. Indeed, she found some pleasure in the fierceness of those caresses, and welcomed the pain far more than she reprobated it.

Her mother went out early every morning to work, and seldom returned home until late at night. She was a charwoman, and her work was to scrub out rooms and wash down staircases. She also did cooking when she was asked, and needlework when she got any to do. She had made exquisite dresses which were worn by beautiful young girls at balls and picnics, and fine white shirts that great gentlemen wore when they were dining, and fanciful waistcoats for gay young men, and silk stockings for dancing in—but that was a long time ago, because these beautiful things used to make her very angry when they were taken from her, so that she cursed the people who came to take them away and sometimes tore up the dresses and danced on them and screamed.

She used often to cry because she was not rich. Sometimes, when she came home from work, she liked to pretend that she was rich; she would play at imagining that some one had died and left her a great fortune, or that her brother Patrick had come back from America with vast wealth, and then she would tell Mary Makebelieve of the things she intended to buy and do the very next day. Mary Makebelieve liked that... They were to move the first thing in the morning to a big house with a garden behind it full of fruit-trees and flowers and birds. There would be a wide lawn in front of the house to play lawn-tennis in and to walk with delicately fine young men with fair faces and white hands, who would speak in the French language and bow often with their hats almost touching the ground. There were to be twelve servants—six of them men servants and six of them women servants—who would instantly do as they were bidden and would receive ten shillings each per week and their board; they would also have two nights free in the week, and would be very well fed. There were many wonderful dresses to be bought, dresses for walking in the streets and dresses for driving in a carriage, and others again for riding on horseback and for travelling in. There was a dress of crimson silk with a deep lace collar, and a heavy, wine-colored satin dress with a gold chain falling down in front of it, and there was a pretty white dress of the finest linen, having one red rose pinned at the waist. There were black silken stockings with quaint designs worked on them in red silk, and scarves of silver gauze, and others embroidered with flowers and little shapes of men and women.

When her mother was planning all these things she was very happy, but afterwards she used to cry bitterly and rock her daughter to and fro on her breast until she hurt her.

II

Every morning about six o'clock Mary Makebelieve left her bed and lit the fire. It was an ugly fire to light, because the chimney had never been swept, and there was no draught. Also they never had any sticks in the house, and scraps of paper twisted tightly into balls with the last night's cinders placed on them and a handful of small coals strewn on the top were used instead. Sometimes the fire blazed up quickly, and that made her happy, but at other times it went out three and four, and often half a dozen times; then the little bottle of paraffin oil had to be squandered—a few rags well steeped in the oil with a newspaper stretched over the grate seldom failed to coax enough fire to boil the saucepan of water; generally this method smoked the water, and then the tea tasted so horrid that one only drank it for the sake of economy.

Mrs. Makebelieve liked to lie in bed until the last possible moment. As there was no table in the room, Mary used to bring the two cups of tea, the tin of condensed milk, and the quarter of a loaf over to the bed, and there she and her mother took their breakfast.

From the time she opened her eyes in the morning her mother never ceased to talk. It was then she went over all the things that had happened on the previous day and enumerated the places she would have to go to on the present day, and the chances for and against the making of a little money. At this meal she used to arrange also to have the room re-papered and the chimney swept and the rat-holes stopped up—there were three of these, one was on the left-hand side of the fire grate, the other two were under the bed, and Mary Makebelieve had lain awake many a night listening to the gnawing of teeth on the skirting and the scamper of little feet here and there on the floor. Her mother further arranged to have a Turkey carpet placed on the floor, although she admitted that oilcloth or linoleum was easier to clean, but they were not so nice to the feet or the eye. Into all these improvements her daughter entered with the greatest delight. There was to be a red mahogany chest of drawers against one wall and a rosewood piano against the wall opposite. A fender of shining brass with brazen furniture, a bright, copper kettle for boiling water in, and an iron pot for cooking potatoes and meat; there was to be a life-sized picture of Mary over the mantelpiece and a picture of her mother near the window in a golden frame, also a picture of a Newfoundland dog lying in a barrel and a little wee terrier crawling up to make friends with him, and a picture of a battle between black people and soldiers.

Her mother knew it was time to get out of bed when she heard a heavy step coming from the next room and going downstairs. A laboring man lived there with his wife and six children. When the door banged she jumped up, dressed quickly, and flew from the room in a panic of haste. Usually then, as there was nothing to do, Mary went back to bed for another couple of hours. After this she arose, made the bed and tidied the room, and went out to walk in the streets, or to sit in the St. Stephen's Green Park. She knew every bird in the Park, those that had chickens and those that had had chickens, and those that never had any chickens at all—these latter were usually drakes, and had reason on their side for an abstention which might otherwise have appeared remarkable, but they did not deserve the pity which Mary lavished on their childlessness, nor the extra pieces of bread with which she sought to recompense them. She loved to watch the ducklings swimming after their mothers: they were quite fearless, and would dash to the water's edge where one was standing and pick up nothing with the greatest eagerness and swallow it with delight. The mother duck swam placidly close to her brood and clucked in a low voice all kinds of warnings and advice and reproof to the little ones. Mary Makebelieve thought it was very clever of the little ducklings to be able to swim so well. She loved them, and when nobody was looking she used to cluck at them like their mother, but she did not often do this because she did not know duck language really well, and feared that her cluck might mean the wrong things, and that she might be giving these innocents bad advice, and telling them to do something contrary to what their mother had just directed.

The bridge across the big lake was a fascinating place. On the sunny side lots of ducks were always standing on their heads searching for something in the water, so that they looked like only half ducks. On the shady side hundreds of eels were swimming about—they were most wonderful things; some of them were thin like ribbons, and others were round and plump like thick ropes. They never seemed to fight at all, and although the ducklings were so tiny the big eels never touched any of them, even when they dived right down amongst them. Some of the eels swam along very slowly, looking on this side and on that as if they were out of work or up from the country, and others whizzed by with incredible swiftness. Mary Makebelieve thought that the latter kind had just heard their babies crying; she wondered, when a little fish cried, could its mother see the tears where there was already so much water about, and then she thought that maybe they cried hard lumps of something that was easily visible.

After this she would go around the flower-beds and look at each; some of them were shaped like stars, and some were quite round, and others again were square. She liked the star-shaped flower-beds best, and next she liked the round ones, and last of all the square. But she loved all the flowers, and used to make up stories about them.

After that, growing hungry, she would go home for her lunch. She went home down Grafton Street and O'Connell Street. She always went along the right-hand side of the street going home, and looked in every shop window that she passed, and then, when she had eaten her lunch, she came out again and walked along the left-hand side of the road, looking at the shops on that side, and so she knew daily everything that was new in the city, and was able to tell her mother at nighttime that the black dress with Spanish lace was taken out of Manning's window and a red gown with tucks at the shoulders and Irish lace at the wrists put in its place; or that the diamond ring in Johnson's marked One Hundred Pounds was gone from the case and that a slide of brooches of beaten silver and blue enamel was there instead.

In the nighttime her mother and herself went round to each of the theaters in turn and watched the people going in and looked at the big posters. When they went home afterwards they had supper and used to try to make out the plots of the various plays from the pictures they had seen, so that generally they had lots to talk about before they went to bed. Mary Makebelieve used to talk most in the nighttime, but her mother talked most in the morning.

III

Her mother spoke sometimes of matrimony as a thing remote but very certain; the remoteness of this adventure rather shocked Mary Makebelieve; she knew that a girl had to get married, that a strange, beautiful man would come from somewhere looking for a wife and would retire again with his bride to that Somewhere which is the country of Romance. At times (and she could easily picture it) he rode in armor on a great bay horse, the plume of his helmet trailing among the high leaves of the forest. Or he came standing on the prow of a swift ship with the sunlight blazing back from his golden armor. Or on a grassy plain, fleet as the wind, he came running, leaping, laughing.

When the subject of matrimony was under discussion her mother planned minutely the person of the groom, his vast accomplishments, and yet vaster wealth, the magnificence of his person, and the love in which he was held by rich and poor alike. She also discussed, down to the smallest detail, the elaborate trousseau she would provide for her daughter, the extravagant presents the bridegroom would make to his bride and her maids, and those, yet more costly, which the bridegroom's family would send to the newly-married pair. All these wonders could only concentrate in the person of a lord. Mary Makebelieve's questions as to the status and appurtenances of a lord were searching and minute, her mother's rejoinders were equally elaborate and particular.

At his birth a lord is cradled in silver, at his death he is laid in a golden casket, an oaken coffin, and a leaden outer coffin, until, finally, a massy stone sarcophagus shrouds his remains forever. His life is a whirl of gayety and freedom. Around his castle there spread miles upon miles of sunny grass lands and ripened orchards and waving forests, and through these he hunts with his laughing companions or walks gently with his lady. He has servants by the thousand, each anxious to die for him, and his wealth, prodigious beyond the computation of avarice, is stored in underground chambers, whose low, tortuous passages lead to labyrinths of vaults, massy and impregnable.

Mary Makebelieve would have loved to wed a lord. If a lord had come to her when she paced softly through a forest, or stood alone on the seashore, or crouched among the long grass of a windy plain, she would have placed her hands in his and followed him and loved him truly forever. But she did not believe that these things happened nowadays, nor did her mother. Nowadays! her mother looked on these paltry times with an eye whose scorn was complicated by fury. Mean, ugly days, mean, ugly lives! and mean, ugly people! said her mother, that's all one can get nowadays, and then she spoke of the people whose houses she washed out and whose staircases she scrubbed down, and her old-ivory face flamed from her black hair and her deep, dark eyes whirled and became hard and motionless as points of jet, and her hands jumped alternately into knuckles and claws.

But it became increasingly evident to Mary Makebelieve that marriage was not a story but a fact, and, somehow, the romance of it did not drift away, although the very house wherein she lived was infested by these conjoints, and the streets wherein she walked were crowded with undistinguished couples... Those gray-lived, dreary-natured people had a spark of fire smoldering somewhere in their poor economy. Six feet deep is scarcely deep enough to bury romance, and until that depth of clay has clogged our bones the fire can still smolder and be fanned, and, perhaps, blaze up and flare across a county or a country to warm the cold hands of many a shriveled person.

How did all these people come together? She did not yet understand the basic necessity that drives the male to the female. Sex was not yet to her a physiological distinction, it was only a differentiation of clothing, a matter of whiskers and no whiskers: but she had begun to take a new and peculiar interest in men. One of these hurrying or loitering strangers might be the husband whom fate had ordained for her. She would scarcely have been surprised if one of the men who looked at her casually in the street had suddenly halted and asked her to marry him. It came on her with something like assurance that that was the only business these men were there for, she could not discover any other reason or excuse for their existence, and if some man had been thus adventurous Mary Makebelieve would have been sadly perplexed to find an answer: she might, indeed, have replied, "Yes, thank you, sir," for when a man asks one to do a thing for him one does it gladly. There was an attraction about young men which she could not understand, something peculiarly dear and magnetic; she would have liked to shake hands with one to see how different he felt from a girl. They would, probably, shake hands quite hard and then hit one. She fancied she would not mind being hit by a man, and then, watching the vigor of their movements, she thought they could hit very hard, but still there was a terrible attraction about the idea of being hit by a man. She asked her mother (with apparent irrelevance) had a man ever struck her; her mother was silent for a few moments, and then burst into so violent a passion of weeping that Mary Makebelieve was frightened. She rushed into her mother's arms and was rocked fiercely against a heart almost bursting with bitter pride and recollection. But her mother did not then, nor did she ever afterwards, answer Mary Makebelieve's question.

IV

Every afternoon a troop of policemen marched in solemn and majestic single file from the College Green Police Station. At regular intervals, one by one, a policeman stepped sideways from the file, adjusted his belt, touched his moustache, looked up the street and down the street for stray criminals, and condescended to the duties of his beat.

At the crossing where Nassau and Suffolk Streets intersect Grafton Street one of these superb creatures was wont to relinquish his companions, and there in the center of the road, a monument of solidity and law, he remained until the evening hour which released him again to the companionship of his peers.

Perhaps this point is the most interesting place in Dublin. Upon one vista Grafton Street with its glittering shops stretches, or rather winds, to the St. Stephen's Green Park, terminating at the gate known as the Fusiliers' Arch, but which local patriotism has rechristened the Traitors' Gate. On the left Nassau Street, broad and clean, and a trifle vulgar and bourgeois in its openness, runs away to Merrion Square, and on with a broad ease to Blackrock and Kingstown and the sea. On the right hand Suffolk Street, reserved and shy, twists up to St. Andrew's Church, touches gingerly the South City Markets, droops to George's Street, and is lost in mean and dingy intersections. At the back of the crossing Grafton Street continues again for a little distance down to Trinity College (at the gates whereof very intelligent young men flaunt very tattered gowns and smoke massive pipes with great skill for their years), skirting the Bank of Ireland, and on to the River Liffey and the street which local patriotism defiantly speaks of as O'Connell Street, and alien patriotism, with equal defiance and pertinacity, knows as Sackville Street.

To the point where these places meet, and where the policeman stands, all the traffic of Dublin converges in a constant stream. The trams hurrying to Terenure, or Donnybrook, or Dalkey flash around this corner; the doctors who, in these degenerate days, concentrate in Merrion Square, fly up here in carriages and motor-cars, the vans of the great firms in Grafton and O'Connell streets, or those outlying, never cease their exuberant progress. The ladies and gentlemen of leisure stroll here daily at four o'clock, and from all sides the vehicles and pedestrians, the bicycles and motor bicycles, the trams and the outside cars rush to the solitary policeman, who directs them all with his severe but tolerant eye. He knows all the tram-drivers who go by, and his nicely graduated wink rewards the glances of the rubicund, jolly drivers of the hackneys and the decayed Jehus with purple faces and dismal hopefulness who drive sepulchral cabs for some reason which has no acquaintance with profit; nor are the ladies and gentlemen who saunter past foreign to his encyclopedic eye. Constantly his great head swings a slow recognition, constantly his serene finger motions onwards a well-known undesirable, and his big, white teeth flash for an instant at young, laughing girls and the more matronly acquaintances who solicit the distinction of his glance.

To this place, and about this hour, Mary Makebelieve, returning from her solitary lunch, was wont to come. The figure of the massive policeman fascinated her. Surely everything desirable in manhood was concentrated in his tremendous body. What an immense, shattering blow that mighty fist could give! She could imagine it swinging vast as the buffet of a hero, high-thrown and then down irresistibly—a crashing, monumental hand. She delighted in his great, solid head as it swung slowly from side to side, and his calm, proud eye—a governing, compelling and determined eye. She had never met his glance yet: she withered away before it as a mouse withers and shrinks and falls to its den before a cat's huge glare. She used to look at him from the curbstone in front of the chemist's shop, or on the opposite side of the road, while pretending to wait for a tram; and at the pillar-box beside the optician's she found time for one furtive twinkle of a glance that shivered to his face and trembled away into the traffic. She did not think he noticed her, but there was nothing he did not notice. His business was noticing: he caught her in his mental policeman's note-book the very first day she came; he saw her each day beside, and at last looked for her coming and enjoyed her strategy. One day her shy, creeping glance was caught by his; it held her mesmerized for a few seconds, it looked down into her—for a moment the whole world seemed to have become one immense eye—she could scarcely get away from it.

When she remembered again she was standing by the pond in St. Stephen's Green Park, with a queer frightened exaltation lightening through her blood. She did not go home that night by Grafton Street, she did not dare venture within reach of that powerful organism, but went a long way round, and still the way seemed very short.

That night her mother, although very tired, was the more talkative of the two. She offered in exchange for her daughter's thoughts pennies that only existed in her imagination. Mary Makebelieve professed that it was sleep and not thought obsessed her, and exhibited voucher yawns which were as fictitious as her reply. When they went to bed that night it was a long time before she slept. She lay looking into the deep gloom of the chamber, and scarcely heard the fierce dreams of her mother, who was demanding from a sleep world the things she lacked in the wide-awake one.

V

This is the appearance of Mary Makebelieve at that time:—She had fair hair, and it was very soft and very thick; when she unwound this it fell, or rather flowed, down to her waist, and when she walked about the room with her hair unloosened it curved beautifully about her head, snuggled into the hollow of her neck, ruffled out broadly again upon her shoulders, and swung into and out of her figure with every motion; surging and shrinking and dancing; the ends of her hair were soft and loose as foam, and it had the color and shining of pure, light gold. Commonly in the house she wore her hair loose, because her mother liked the appearance of youth imparted by hanging hair, and would often desire her daughter to leave off her outer skirt and walk only in her petticoats to heighten the illusion of girlishness. Her head was shaped very tenderly and softly; it was so small that when her hair was twisted up it seemed much too delicate to bear so great a burden. Her eyes were gray, limpidly tender and shy, drooping under weighty lids, so that they seldom seemed more than half opened and commonly sought the ground rather than the bolder excursions of straightforwardness; they seldom looked for longer than a glance, climbing and poising and eddying about the person at whom she gazed, and then dived away again; and always when she looked at any one she smiled a deprecation of her boldness. She had a small white face, very like her mother's in some ways and at some angles, but the tight beak which was her mother's nose was absent in Mary; her nose withdrew timidly in the center and only snatched a hurried courage to become visible at the tip. It was a nose that seemed to have been snubbed almost out of existence. Her mother loved it because it was so little, and had tried so hard not to be a nose at all. They often stood together before the little glass that had a great crack running drunkenly from the right-hand top corner down to the left-hand bottom corner, and two small arm crosses, one a little above the other, in the center. When one's face looked into this glass it often appeared there as four faces with horrible aberrations; an ear might be curving around a lip or an eye leering strangely in the middle of a chin. But there were ways of looking into the glass which practice had discovered, and usage had long ago dulled the terrors of its vagaries. Looking into this glass Mrs. Makebelieve would comment minutely upon the two faces therein, and, pointing to her own triumphantly genuine nose and the fact that her husband's nose had been of quite discernible proportions, she would seek in labyrinths of pedigree for a reason to justify her daughter's lack; she passed all her sisters in this review, with an army of aunts and great-aunts, rifling the tombs of grandparents and their remoter blood, and making long-dead noses to live again. Mary Makebelieve used to lift her timidly curious eye and smile in deprecation of her nasal shortcomings, and then her mother would kiss the dejected button and vow it was the dearest, loveliest bit of a nose that had ever been seen.

"Big noses suit some people," said Mrs. Makebelieve, "but they do not suit others, and one would not suit you, dearie. They go well with black-haired people and very tall people, military gentlemen, judges and apothecaries; but small, fair folk cannot support great noses. I like my own nose," she continued. "At school, when I was a little girl, the other girls used to laugh at my nose, but I always liked it, and after a time other people came to like it also."

Mary Makebelieve had small, slim hands and feet: the palms of her hands were softer than anything in the world; there were five little, pink cushions on her palm: beginning at the little finger there was a very tiny cushion, the next one was bigger, and the next bigger again, until the largest ended a perfect harmony at the base of her thumb. Her mother used to kiss these little cushions at times, holding back the finger belonging to each, and naming it as she touched it. These are the names of Mary Makebelieve's fingers, beginning with the Thumb:—Tom Tumkins, Willie Winkles, Long Daniel, Bessie Bobtail and Little Dick-Dick.

Her slight, girlish figure was only beginning to creep to the deeper contours of womanhood, a half curve here and there, a sudden softness in the youthful lines, certain angles trembling on the slightest of rolls, a hint, a suggestion, the shadowy prophecy of circles and half hoops that could not yet roll: the trip of her movements was troubled sometimes to a sedater motion.

These things her mother's curiosity was continually recording, sometimes with happy pride, but oftener in a kind of anger to find that her little girl was becoming a big girl. If it had been possible she would have detained her daughter forever in the physique of a child; she feared the time when Mary would become too evidently a woman, when all kinds of equalities would come to hinder her spontaneous and active affection. A woman might object to be nursed, while a girl would not;

Mrs. Makebelieve feared that objection, and, indeed, Mary, under the stimulus of an awakening body and a new, strange warmth, was not altogether satisfied by being nursed or by being the passive participant in these caresses. She sometimes thought that she would like to take her mother on her own breast and rock her to and fro, crooning soft made-up words and kissing the top of a head or the half-hidden curve of a cheek, but she did not dare to do so for fear her mother would strike her. Her mother was very jealous on that point, she loved her daughter to kiss her and stroke her hands and her face, but she never liked her to play at being the mother, nor had she ever encouraged her daughter in the occupations of a doll. She was the mother and Mary was the baby, and she could not bear to have her motherhood hindered even in play.

VI

Although Mary Makebelieve was sixteen years of age she had not yet gone to work; her mother did not like the idea of her little girl stooping to the drudgery of the only employment she could have aided her to obtain—that was, to assist herself in the humble and arduous toil of charing. She had arranged that Mary was to go into a shop, a drapery store, or some such other, but that was to be in a sometime which seemed infinitely remote. "And then, too," said Mrs. Makebelieve, "all kinds of things may happen in a year or so if we wait. Your uncle Patrick, who went to America twenty years ago, may come home, and when he does you will not have to work, dearie, nor will I. Or again, some one going along the street may take a fancy to you and marry you; things often happen like that." There were a thousand schemes and accidents which, in her opinion, might occur to the establishment of her daughter's ease and the enlargement of her own dignity. And so Mary Makebelieve, when her mother was at work (which was sometimes every day in the week), had all the day to loiter in and spend as best she liked. Sometimes she did not go out at all. She stayed in the top back room sewing or knitting, mending holes in the sheets or the blankets, or reading books from the Free Library in Capel Street: but generally she preferred, after the few hours which served to put the room in order, to go out and walk along the streets, taking new turnings as often as she fancied, and striking down strange roads to see the shops and the people.

There were so many people whom she knew by sight; almost daily she saw these somewhere, and she often followed them for a short distance, with a feeling of friendship; for the loneliness of the long day often drew down upon her like a weight, so that even the distant companionship of these remembered faces that did not know her was comforting. She wished she could find out who some of them were.—There was a tall man with a sweeping brown beard, whose heavy overcoat looked as though it had been put on with a shovel; he wore spectacles, and his eyes were blue, and always seemed as if they were going to laugh; he, also, looked into the shops as he went along, and he seemed to know everybody. Every few paces people would halt and shake his hand, but these people never spoke, because the big man with the brown beard would instantly burst into a fury of speech which had no intervals, and when there was no one with him at all he would talk to himself. On these occasions he did not see any one, and people had to jump out of his way while he strode onwards swinging his big head from one side to the other, and with his eyes fixed on some place a great distance away. Once or twice, in passing, she heard him singing to himself the most lugubrious song in the world. There was another—a long, thin, black man—who looked young and was always smiling secretly to himself; his lips were never still for a moment, and, passing Mary Makebelieve a few times, she heard him buzzing like a great bee. He did not stop to shake hands with any one, and although many people saluted him he took no heed, but strode on, smiling his secret smile and buzzing serenely. There was a third man whom she often noticed: his clothing seemed as if it had been put on him a long time ago and had never been taken off again. He had a long, pale face, with a dark moustache drooping over a most beautiful mouth. His eyes were very big and lazy, and did not look quite human; they had a trick of looking sidewards—a most intimate, personal look. Sometimes he saw nothing in the world but the pavement, and at other times he saw everything. He looked at Mary Makebelieve once and she got a fright; she had a queer idea that she had known him well hundreds of years before and that he remembered her also. She was afraid of that man, but she liked him because he looked so gentle and so—there was something else he looked which as yet she could not put a name to, but which her ancestry remembered dimly. There was a short, fair, pale-faced man, who looked like the tiredest man in the world. He was often preoccupied, but not in the singular way the others were. He seemed to be always chewing the cud of remembrance, and looked at people as if they reminded him of other people who were dead a long time and whom he thought of but did not regret. He was a detached man even in a crowd and carried with him a cold atmosphere; even his smile was bleak and aloof. Mary Makebelieve noticed that many people nudged each other as he went by, and then they would turn and look after him and go away whispering.

These and many others she saw almost daily, and used to look for with a feeling of friendship. At other times she walked up the long line of quays sentineling the Liffey, watching the swift boats of Guinness puffing down the river and the thousands of sea-gulls hovering above or swimming on the dark waters, until she came to the Phoenix Park, where there was always a cricket or football match being played, or some young men or girls playing hurley, or children playing tip-and-tig, running after one another, and dancing and screaming in the sunshine. Her mother liked very much to go with her to the Phoenix Park on days when there was no work to be done. Leaving the great, white main road, up which the bicycles and motor-cars are continually whizzing, a few minutes' walk brings one to quiet alleys sheltered by trees and groves of hawthorn. In these passages one can walk for a long time without meeting a person, or lie on the grass in the shadow of a tree and watch the sunlight beating down on the green fields and shimmering between the trees. There is a deep silence to be found here, very strange and beautiful to one fresh from the city, and it is strange also to look about in the broad sunshine and see no person near at all, and no movement saving the roll and folding of the grass, the slow swinging of the branches of the trees or the noiseless flight of a bee, a butterfly, or a bird.

These things Mary Makebelieve liked, but her mother would pine for the dances of the little children, the gallant hurrying of the motor-cars, and the movement to and fro of the people with gay dresses and colored parasols and all the circumstance of holiday.

VII

One morning Mary Makebelieve jumped out of bed and lit the fire. For a wonder it lit easily: the match was scarcely applied when the flames were leaping up the black chimney, and this made her feel at ease with the world. Her mother stayed in bed chatting with something more of gayety than usual. It was nearly six o'clock, and the early summer sun was flooding against the grimy window. The previous evening's post had brought a post-card for Mrs. Makebelieve, requesting her to call on a Mrs. O'Connor, who had a house off Harcourt Street. This, of course, meant a day's work—it also meant a new client.

Mrs. Makebelieve's clients were always new. She could not remain for any length of time in people's employment without being troubled by the fact that these folk had houses of their own and were actually employing her in a menial capacity. She sometimes looked at their black silk aprons in a way which they never failed to observe with anger, and on their attempting (as they always termed it) to put her in her proper place, she would discuss their appearance and morals with such power that they at once dismissed her from their employment and incited their husbands to assault her.

Mrs. Makebelieve's mind was exercised in finding out who had recommended her to this new lady, and in what terms of encomium such recommendation had been framed. She also debated as to whether it would be wise to ask for one shilling and ninepence per day instead of the customary one shilling and sixpence. If the house was a big one she might be required by this new customer oftener than once a week, and, perhaps, there were others in the house besides the lady who would find small jobs for her to do—needlework or messages, or some such which would bring in a little extra money; for she professed her willingness and ability to undertake with success any form of work in which a woman could be eminent. In a house where she had worked she had once been asked by a gentleman who lodged there to order in two dozen bottles of stout, and, on returning with the stout, the gentleman had thanked her and given her a shilling. Incidents parallel to this had kept her faith in humanity green. There must be plenty of these open-handed gentlemen in houses such as she worked in, and, perhaps, in Mrs. O'Connor's house there might be more than one such person. There were stingy people enough, heaven knew, people who would get one to run messages and almost expect to be paid themselves for allowing one to work for them. Mrs. Makebelieve anathematized such skinflints with a vocabulary which was quite equal to the detailing of their misdeeds; but she refused to dwell on them: they were not really important in a world where the sun was shining. In the nighttime she would again believe in their horrible existences, but until then the world must be peopled with kind-hearted folk. She instanced many whom she knew, people who had advanced services and effects without exacting or indeed expecting any return.

When the tea was balanced insecurely on the bed, the two teacups on one side of her legs, the three-quarters of a loaf and the tin of condensed milk on the other, Mary sat down with great care, and all through the breakfast her mother culled from her capacious memory a list of kindnesses of which she had been the recipient or the witness. Mary supplemented the recital by incidents from her own observation. She had often seen a man in the street give a penny to an old woman. She had often seen old women give things to other old women. She knew many people who never looked for the halfpenny change from a newsboy. Mrs. Makebelieve applauded the justice of such transactions; they were, she admitted, the things she would do herself if she were in a position to be careless; but a person to whom the discovery of her daily bread is a daily problem, and who can scarcely keep pace with the ever-changing terms of the problem, is not in a position to be careless.—"Grind, grind, grind," said Mrs. Makebelieve, "that is life for me, and if I ceased to grind for an instant..." she flickered her thin hand into a nowhere of terror. Her attitude was that when one had enough one should give the residue to some one who had not enough. It was her woe, it stabbed her to the heart, to see desolate people dragging through the streets, standing to glare through the windows of bakeries and confectioners' shops, and little children in some of these helpless arms! Thinking of these, she said that every morsel she ate would choke her were it not for her own hunger. But maybe, said she, catching a providential glance of the golden-tinted window, maybe these poor people were not as poor as they seemed: surely they had ways of collecting a living which other people did not know anything about. It might be that they got lots of money from kind-hearted people, and food at hospitable doors, and here and there clothing and oddments which, if they did not wear, they knew how to dispose of advantageously. What extremes of ways and means such people must be acquainted with! No ditch was too low to rummage in, no rat-hole too hidden to be ravaged; a gate represented something to be climbed over: an open door was an invitation, a locked one a challenge. They could dodge under the fences of the law and climb the barbed wire of morality with equal impunity, and the utmost rigor of punishment had little terror for those whose hardships could scarcely be artificially worsened. The stagger of despair, the stricken, helpless aspect of such people, their gaunt faces and blurred eyes might conceivably be their stock-in-trade, the keys wherewith they unlocked hearts and purses and area-doors. It must be so when the sun was shining and birds were singing across fields not immeasurably distant, and children in walled gardens romped among fruits and flowers. She would believe this, for it was the early morning when one must believe, but when the nighttime came again she would laugh to scorn such easy beliefs, she would see the lean ribs of humanity when she undressed herself.

VIII

After her mother had gone, Mary Makebelieve occupied herself settling the room and performing the various offices which the keeping in order of even one small room involves. There were pieces of the wall-paper flapping loosely; these had to be gummed down with strips of stamp-paper. The bed had to be made, the floor scrubbed, and a miscellany of objects patted and tapped into order. Her few dresses also had to be gone over for loose buttons, and the darning of threadbare places was a duty exercising her constant attention. Her clothing was always made by her mother, whose needle had once been noted for expertness, and, therefore, fitted more accurately than is customary in young girls' dresses. The arranging and rearranging of her beads was a frequent and enjoyable labor. She had four different necklaces, representing four different pennyworths of beads purchased at a shop whose merchandise was sold for one penny per item. One pennyworth of these beads was colored green, another red, a third was colored like pearls, and the fourth was a miscellaneous packet of many colors. A judicious selection of these beads could always provide a new and magnificent necklace at the expense of little more than a half-hour's easy work.

Because the sun was shining she brought out her white dress, and for a time was busy on it. There had been five tucks in the dress, but one after one they had to be let out. This was the last tuck that remained, and it also had to go, but even with such extra lengthening the dress would still swing free of her ankles. Her mother had promised to add a false hem to it when she got time, and Mary determined to remind her of this promise as soon as she came in from work. She polished her shoes, put on the white dress, and then did up her hair in front of the cracked looking-glass. She always put up her hair very plainly. She first combed it down straight, then parted it in the center, and rolled it into a great ball at the back of her neck. She often wished to curl her hair, and, indeed, it would have curled with the lightest persuasion: but her mother being approached on the subject, said that curls were common and were seldom worn by respectable people, excepting very small children or actresses, both of whose slender mentalities were registered by these tiny daintinesses. Also, curls took up too much time in arranging, and the slightest moisture in the air was liable to draw them down into lank and unsightly plasters, and, therefore, saving for a dance or a picnic, curls should not be used.

Mary Makebelieve, having arranged her hair, hesitated for some time in the choice of a necklace. There was the pearl-colored necklace—it was very pretty, but every one could tell at once that they were not genuine pearls. Real pearls of the bigness of these would be very valuable. Also there was something childish about pearls which latterly she wished to avoid. She had quite grown up now. The letting down of the last tuck in her dress marked an epoch as distinct as did the first rolling up of her hair. She wished her dress would go right down to her heels so that she might have a valid reason for holding up her skirts with one hand. She felt a trifle of impatience because her mother had delayed making the false hem; she could have stitched it on herself if her mother had cut it out, but for this day the dress would have to do. She wished she owned a string of red coral; not that round beady sort, but the jagged crisscross coral—a string of these long enough to go twice round her neck, and yet hang down in front to her waist. If she owned a string as long as that she might be able to cut enough off to make a slender wristlet. She would have loved to see such a wristlet sagging down to her hand.

Red, it seemed, would have to be the color for this day, so she took the red beads out of a box and put them on. They looked very nice against her white dress, but still—she did not quite like them: they seemed too solid, so she put them back into the box again, and instead tied round her neck a narrow ribbon of black velvet, which satisfied her better. Next she put on her hat; it was of straw, and had been washed many times. There was a broad ribbon of black velvet around it. She wished earnestly that she had a sash of black velvet about three inches deep to go round her waist. There was such a piece about the hem of her mother's Sunday skirt, but, of course, that could not be touched; maybe, her mother would give it to her if she asked. The skirt would look quite as well without it, and when her mother knew how nice it looked round her waist she would certainly give it to her.

She gave a last look at herself in the glass and went out, turning up to the quays in the direction of the Phoenix Park. The sun was shining gloriously, and the streets seemed wonderfully clean in the sunlight. The horses under the heavy drays pulled their loads as if they were not heavy. The big, red-faced drivers leaned back at ease, with their hard hats pushed back from their foreheads and their eyes puckered at the sunshine. The tram-cars whizzed by like great jewels. The outside cars went spanking down the broad road, and every jolly-faced jarvey winked at her as he jolted by. The people going up and down the street seemed contented and happy. It was one o'clock, and from all kinds of offices and shops young men and women were darting forth for their lunch; none of the young men were so hurried but they had a moment to glance admiringly at Mary Makebelieve before diving into a cheap restaurant or cheaper public-house for their food. The gulls in the river were flying in long, lazy curves, dipping down to the water, skimming it an instant, and then wheeling up again with easy, slanting wings. Every few minutes a boat laden with barrels puffed swiftly from beneath a bridge. All these boats had pretty names—there was the Shannon, the Suir, the Nore, the Lagan, and many others. The men on board sat contentedly on the barrels and smoked and made slow remarks to one another; and overhead the sky was blue and wonderful, immeasurably distant, filled from horizon to horizon with sparkle and warmth. Mary Makebelieve went slowly on towards the Park. She felt very happy. Now and then a darker spot flitted through her mind, not at all obscuring, but toning the brightness of her thoughts to a realizable serenity. She wished her skirts were long enough to be held up languidly like the lady walking in front: the hand holding up the skirt had a golden curb-chain on the wrist which drooped down to the neatly gloved hand, and between each link of the chain was set a blue turquoise, and upon this jewel the sun danced splendidly. Mary Makebelieve wished she had a slender red coral wristlet; it also would have hung down to her palm and been lovely in the sunlight, and it would, she thought, have been far nicer than the bangle.

IX

She walked along for some time in the Park. Through the railings flanking the great road many beds of flowers could be seen. These were laid out in a great variety of forms—of stars and squares and crosses and circles, and the flowers were arranged in exquisite patterns. There was a great star which flamed with red flowers at the deep points, and in its heart a heavier mass of yellow blossom glared suddenly. There were circles wherein each ring was a differently colored flower, and others where three rings alternated—three rings white, three purple, and three orange, and so on in slenderer circles to the tiniest diminishing. Mary Makebelieve wished she knew the names of all the flowers, but the only ones she recognized by sight were the geraniums, some species of roses, violets, and forget-me-nots and pansies. The more exotic sorts she did not know, and, while she admired them greatly, she had not the same degree of affection for them as for the commoner, friendly varieties.

Leaving the big road she wandered into wider fields. In a few moments the path was hidden, the outside cars, motor-cars and bicycles had vanished as completely as though there were no such things in the world. Great numbers of children were playing about in distinct bands; each troop was accompanied by one and sometimes two older people, girls or women who lay stretched out on the warm grass or leaned against the tree-trunks reading novelettes, and around them the children whirled and screamed and laughed. It was a world of waving pinafores and thin black-stockinged legs and shrill, sweet voices. In the great spaces the children's voices had a strangely remote quality; the sweet, high tones were not such as one heard in the streets or in houses. In a house or a street these voices thudded upon the air and beat sonorously back again from the walls, the houses, or the pavements; but out here the slender sounds sang to a higher tenuity and disappeared out and up and away into the tree-tops and the clouds and the wide, windy reaches. The little figures partook also of this diminuendo effect; against the great grassy curves they seemed smaller than they really were; the trees stirred hugely above them, the grass waved vast beneath them, and the sky ringed them in from immensity. Their forms scarcely disturbed the big outline of nature, their laughter only whispered against the silence, as ineffectual to disturb that gigantic serenity as a gnat's wing fluttered against a precipice.

Mary Makebelieve wandered on; a few cows lifted solemnly curious faces as she passed and swung their heavy heads behind her. Once or twice half a dozen deer came trotting from beyond the trees, and were shocked to a halt on seeing her–a moment's gaze, and away like the wind, bounding in a delicious freedom. Now a butterfly came twisting on some eccentric journey–ten wing-beats to the left, twenty to the right, and then back to the left, or, with a sudden twist, returning on the path which it had already traversed, jerking carelessly through the sunlight. Across the sky very far up a troop of birds sailed definitely–

they knew where they were going; momently one would detach itself from the others in a burst of joyous energy and sweep a great circle and back again to its comrades, and then away, away, away to the skyline.—Ye swift ones! O, freedom and sweetness! A song falling from the heavens! A lilt through deep sunshine! Happy wanderers! How fast ye fly and how bravely—up and up, till the earth has fallen away and the immeasurable heavens and the deep loneliness of the sunlight and the silence of great spaces receive you!

Mary Makebelieve came to a tree around which a circular wooden seat had been placed. Here for a time she sat looking out on the wide fields. Far away in front the ground rolled down into valleys and up into little hills, and from the valleys the green heads of trees emerged, and on the farther hills, in slender, distinct silhouette, and in great masses, entire trees could be seen. Nearer were single trees, each with its separate shadow and a stream of sunlight flooding between; and everywhere the greenery of leaves and of grass and the gold of myriad buttercups and multitudes of white daisies.

She had been sitting for some time when a shadow came from behind her. She watched its lengthening and its queer bobbing motion. When it grew to its greatest length it ceased to move. She felt that some one had stopped. From the shape of the shadow she knew it was a man, but being so close she did not like to look. Then a voice spoke. It was a voice as deep as the rolling of a sea.

"Hello," said the voice; "what are you doing here all alone, young lady?"

Mary Makebelieve's heart suddenly spurted to full speed. It seemed to want more space than her bosom could afford. She looked up. Beside her stood a prodigious man: one lifted hand curled his moustache, the other carelessly twirled a long cane. He was dressed in ordinary clothing, but Mary Makebelieve knew him at once for that great policeman who guided the traffic at the Grafton Street crossing.

X

The policeman told her wonderful things. He informed her why the Phoenix Park was called the Phoenix Park. He did not believe there was a phoenix in the Zoological Gardens, although they probably had every kind of bird in the world there. It had never struck him, now he came to think of it, to look definitely for that bird, but he would do so the next time he went into the Gardens. Perhaps the young lady would allow him (it would be a much-appreciated privilege) to escort her through the Gardens some fine day, the following day for instance... He rather inclined to the belief that the phoenix was extinct—that is, died out; and then, again, when he called to mind the singular habits with which this bird was credited, he conceived that it had never had a real but only a mythical existence—that is, it was a makebelieve bird, a kind of fairy tale.

He further informed Mary Makebelieve that this Park was the third largest in the world, but the most beautiful. His evidence for this statement was not only the local newspapers, whose opinion might be biased by patriotism—that is, led away from the exact truth—but in the more stable testimony of reputable English journals, such as *Answers* and *Tit-*

Bits and *Pearson's Weekly*, he found an authoritative and gratifying confirmation—that is, they agreed. He cited for Mary Makebelieve's incredulity the exact immensity of the Park in miles, in yards, and in acres, and the number of head of cattle which could be accommodated therein if it were to be utilized for grazing—that is, turned into grass lands; or, if transformed into tillage, the number of small farmers who would be the proprietors of economic holdings—that is, a recondite—that is, an abstruse and a difficult scientific and sociological term.

Mary Makebelieve scarcely dared lift her glance to his face. An uncontrollable shyness had taken possession of her. Her eyes could not lift without an effort: they fluttered vainly upwards, but before reaching any height they flinched aside and drooped again to her lap. The astounding thought that she was sitting beside a man warmed and affrighted her blood so that it rushed burningly to her cheeks and went shuddering back again coldly. Her downcast eyes were almost mesmerized by the huge tweed-clad knees which towered like monoliths beside her. They rose much higher than her knees did, and extended far out more than a foot and a half beyond her own modest stretch. Her knees slanted gently downwards as she sat, but his jagged straightly forward, like the immovable knees of a god which she had seen once in the Museum. On one of these great knees an equally great hand rested. Automatically she placed her own hand on her lap and, awe-stricken, tried to measure the difference. Her hand was very tiny and as white as snow: it seemed so light that the breathing of a wind might have fluttered it. The wrist was slender and delicate, and through its milky covering faint blue veins glimmered. A sudden and passionate wish came to her as she watched her wrist. She wished she had a red coral bracelet on it, or a chain of silver beaten into flat discs, or even two twists of little green beads. The hand that rested on the neighboring knee was bigger by three times than her own, the skin on it was tanned to the color of ripe mahogany-wood, and the heat of the day had caused great purple veins to grow in knots and ridges across the back and running in big twists down to the wrists. The specific gravity of that hand seemed tremendous; she could imagine it holding down the strong neck of a bull. It moved continually while he spoke to her, closing in a tense strong grip that changed the mahogany color to a dull whiteness and opening again to a ponderous, inert width.

She was ashamed that she could find nothing to say. Her vocabulary had suddenly and miserably diminished to a "yes" and "no," only tolerably varied by a timid "indeed" and "I did not know that." Against the easy clamor of his speech she could find nothing to oppose, and ordinarily her tongue tripped and eddied and veered as easily and nonchalantly as a feather in a wind. But he did not mind silence. He interpreted it rightly as the natural homage of a girl to a policeman. He liked this homage because it helped him to feel as big as he looked, and he had every belief in his ability to conduct a polite and interesting conversation with any lady for an indefinite time.

After a while Mary Makebelieve arose and was about bidding him a timid good-bye. She wished to go away to her own little room where she could look at herself and ask herself questions. She wanted to visualize herself sitting under a tree beside a man. She knew that she could reconstruct him to the smallest detail, but feared that she might not be able to reconstruct herself. When she arose he also stood up and fell so naturally into step beside her that there was nothing to do but to walk straight on. He still withstood the burden of conversation easily and pleasantly and very learnedly. He discussed matters of high political and social moment, explaining generously the more unusual and learned words that bristled from his vocabulary. Soon they came to a more populous part of the Park. The children ceased from their play to gaze round-eyed at the little girl and the big man, their attendants looked and giggled and envied. Under these eyes Mary Makebelieve's walk became afflicted with a sideward bias which jolted her against her companion. She was furious with herself and ashamed. She set her teeth to walk easily and straightly, but constantly the jog of his elbow on her shoulder or the swing of his hand against her blouse sent her ambling wretchedly arms-length from him. When this had occurred half a dozen times she could have plumped down on the grass and wept loudly and without restraint. At the Park gate she stopped suddenly and with the courage of despair bade him good-bye. He begged courteously to be allowed to see her a little way to her home, but she would not permit it, and so he lifted his hat to her. (Through her distress she could still note in a subterranean and half-conscious fashion the fact that this was the first time a man had ever uncovered before her.) As she went away down the road she felt that his eyes were following her and her tripping walk hurried almost to a run. She wished frantically that her dress was longer than it was—that false hem! If she could have gathered a skirt in her hand the mere holding on to something would have given her self-possession, but she feared he was looking critically at her short skirt and immodest ankles.

He stood for a time gazing after her with a smile on his great face. He knew that she knew he was watching, and as he stood he drew his hand from his pocket and tapped and smoothed his moustache. He had a red moustache; it grew very thickly, but was cropped short and square, and its fiber was so strong that it stood out above his lip like wire. One expected it to crackle when he touched it, but it never did.

XI

When Mrs. Makebelieve came home that night she seemed very tired, and complained that her work at Mrs. O'Connor's house was arduous beyond any which she had yet engaged in. She enumerated the many rooms that were in the house: those that were covered with carpets, the margins whereof had to be beeswaxed: those others, only partially covered with rugs, which had to be entirely waxed: the upper rooms were uncarpeted and unrugged, and had, therefore, to be scrubbed: the basement, consisting of two red-flagged kitchens and a scullery, had also to be scoured out. The lady was very particular about the scouring of wainscotings and doors. The upper part of the staircase was bare and had to be scrubbed down, and the part down to the hall had a thin strip of carpet on it secured by brazen rods; the margins on either side of this carpet had to be beeswaxed and the brass rods polished. There was a great deal of unnecessary and vexatious brass of one kind or another scattered about the house, and as there were four children in the family, besides Mrs. O'Connor and her two sisters, the amount of washing which had constantly to be done was enormous and terrifying.

During their tea Mrs. Makebelieve called to mind the different ornaments which stood on the parlor mantelpiece and on the top of the piano. There was a china shepherdess with a basket of flowers at one end of the mantelpiece and an exact duplicate on the other. In the center a big clock of speckled marble was surmounted by a little domed edifice with Corinthian pillars in front, and this again was topped by the figure of an archer with a bent bow—there was nothing on top of this figure because there was not any room. Between each of these articles there stood little framed photographs of members of Mrs. O'Connor's family, and behind all there was a carved looking-glass with beveled edges having many shelves. Each shelf had a cup or a saucer or a china bowl on it. On the left-hand side of the fireplace there was a plaque whereon a young lady dressed in a sky-blue robe crossed by means of well-defined stepping-stones a thin but furious stream; the middle distance was embellished by a cow, and the horizon sustained two white lambs, a brown dog, a fountain and a sun-dial. On the right-hand side a young gentleman clad in a crimson coat and yellow knee-breeches carried a three-cornered hat under his arm, and he also crossed a stream which seemed the exact counterpart of the other one and whose perspective was similarly complicated. There were three pictures on each wall—nine in all; three of these were pictures of ships, three were pictures of battles: two portrayed saintly but emaciated personages sitting in peculiarly disheartening wildernesses (each wilderness contained one cactus plant and a camel). One of these personages stared fixedly at a skull, the other personage looked with intense firmness away from a lady of scant charms in a white and all too insufficient robe: above the robe a segment of the lady's bosom was hinted at bashfully—it was probably this the personage looked firmly away from. The remaining picture showed a little girl seated in a big armchair and reading with profound culture the most massive of Bibles: she had her grandmother's mutch cap and spectacles on, and looked very sweet and solemn; a doll sat bolt upright beside her, and on the floor a kitten hunted a ball of wool with great earnestness.

All these things Mrs. Makebelieve discussed to her daughter, as also of the carpet which might have been woven in Turkey or elsewhere, the sideboard that possibly was not mahogany, and the chairs and occasional tables whose legs had attained to rickets through convulsions; the curtains of cream-colored lace which were reinforced by rep hangings and guarded shutters from Venice, also the deer's head which stood on a shelf over the door and was probably shot by a member of the family in a dream, and the splendid silver tankards which flanked this trophy and were possibly made of tin.

Mrs. Makebelieve further spoke of the personal characteristics of the householder with an asperity which was still restrained. She had a hairy chin, said Mrs. Makebelieve: she had buck teeth and a solid smile, and was given to telling people who knew their business how things ought to be done. Beyond this she would not say anything.—The amount of soap the lady allowed to wash out five rooms and a lengthy staircase was not as generous as one was accustomed to, but, possibly, she was well-meaning enough when one came to know her better.

Mary Makebelieve, apropos of nothing, asked her mother did she ever know a girl who got married to a policeman, and did she think that policemen were good men?

Her mother replied that policemen were greatly sought after as husbands for several reasons—firstly, they were big men, and big men are always good to look upon; secondly, their social standing was very high and their respectability undoubted; thirdly, a policeman's pay was such as would bring comfort to any household which was not needlessly and criminally extravagant; and this was often supplemented in a variety of ways which rumor only hinted at (there was also the safe prospect of a pension and the possibility of a sergeantship, where the emoluments were very great); and fourthly, a policeman, being subjected for many years to a rigorous discipline, would likely make a nice and obedient husband. Personally Mrs. Makebelieve did not admire policemen—they thought too much of themselves, and their continual pursuit of and intercourse with criminals tended to deteriorate their moral tone; also, being much admired by a certain type of woman, their morals were subjected to so continuous an assault that the wife of such a one would be worn to a shadow in striving to preserve her husband from designing and persistent females.

Mary Makebelieve said she thought it would be nice to have other women dying for love of one's husband, but her mother opposed this with the reflection that such people did not die for love at all, they were merely anxious to gratify a foolish and excessive pride, or to inflict pain on respectable married women. On the whole, a policeman was not an ideal person to marry. The hours at which he came home were liable to constant and vexatious changes, so that there was a continual feeling of insecurity, which was bad for housekeeping; and if one had not stability in one's home all discipline and all real home life was at an end. There was this to be said for them—that they all loved little children. But, all things considered, a clerk made a better husband: his hours were regular and, knowing where he was at any moment, one's mind was at ease.

Mary Makebelieve was burning to tell some one of her adventure during the day, but although she had never before kept a secret from her mother she was unable to tell her this one. Something–perhaps the mere difference of age, and also a kind of shyness–kept her silent. She wished she knew a nice girl of her own age, or even a little younger, to whose enraptured ear she might have confided her story. They would have hugged each other during the recital, and she would have been able to enlarge upon a hundred trivialities of moustache and hair and eyes the wonder of which older minds can seldom appreciate.

Her mother said she did not feel at all well. She did not know what was the matter with her, but she was more tired than she could remember being for a long time. There was a dull aching in all her bones, a coldness in her limbs, and when she pressed her hair backwards it hurt her head; so she went to bed much earlier than was usual. But long after her regular time for sleep had passed Mary Makebelieve crouched on the floor before the few warm coals. She was looking into the redness, seeing visions of rapture, strange things which could not possibly be true; but these visions warmed her blood and lifted her heart on light and tremulous wings; there was a singing in her ears to which she could never be tired listening.

XII

Mrs. Makebelieve felt much better the next morning after the extra sleep which she had. She still confessed to a slight pain in her scalp when she brushed her hair and was a little languid, but not so much as to call for complaint. She sat up in bed while her daughter prepared the breakfast and her tongue sped as rapidly as heretofore. She said she had a sort of feeling that her brother Patrick must come back from America some time, and she was sure that when he did return he would lose no time in finding out his relatives and sharing with them the wealth which he had amassed in that rich country. She had memories of his generosity even as a mere infant, when he would always say "no" if only half a potato remained in the dish or a solitary slice of bread was on the platter. She delighted to talk of his good looks and high spirits and of the amazingly funny things he had said and done. There was always, of course, the chance that Patrick had got married and settled down in America, and, if so, that would account for so prolonged a silence. Wives always came between a man and his friends, and this woman would do all she could to prevent Patrick benefiting his own sister and her child. Even in Ireland there were people like that, and the more one heard of America the less one knew what to expect from the strange people who were native to that place. She had often thought she would like to go out there herself, and, indeed, if she had a little money she would think nothing of packing up her things tomorrow and setting out for the States. There were fine livings to be made there, and women were greatly in request, both as servants and wives. It was well known, too, that the Americans loved Irish people, and so there would be no difficulty at all in getting a start. The more she thought of Mrs. O'Connor the more favorably she pondered on emigration. She would say nothing against Mrs. O'Connor yet, but the fact remained that she had a wen on her cheek and buck teeth. Either of these afflictions taken separately were excusable, but together she fancied they betoken a bad, sour nature; but maybe the woman was to be pitied: she might be a nice person in herself, but, then, there was the matter of the soap, and she was very fond of giving unnecessary orders. However, time would show, and, clients being as scarce as they were, one could not quarrel with one's bread and butter.

The opening of a door and the stamping downstairs of heavy feet shot Mrs. Makebelieve from her bed and into her clothing with furious speed. Within five minutes she was dressed, and after kissing her daughter three times she fled down the stairs and away to her business.

Mary had obtained her mother's consent to do as she pleased with the piece of black velvet on the hem of her Sunday skirt, so she passed some time in ripping this off and cleaning it. It would not come as fresh as she desired, and there were some parts of it frayed and rubbed so that the velvet was nearly lost, but other portions were quite good, and by cutting out the worn parts and neatly joining the good pieces she at last evolved a quite passable sash. Having the sash ready she dressed herself to see how it looked, and was delighted. Then becoming dissatisfied with the severe method of doing her hair, she manipulated it gently for a few minutes until a curl depended by both ears and two or three very tiny ones fluttered above her forehead. She put on her hat and stole out, walking very gently for fear any of the other people in the house would peep through their doors as she went by. Walk as gently as she could these bare, solid stairs rang loudly to each footfall, and so she ended in a rush and was out and away without daring to look if she was observed. She had a sort of guilty feeling as she walked, which she tried to allay by saying very definitely that she was not doing anything wrong. She said to herself with determined candor that she would walk up to the St. Stephen's Green Park and look at the ducks and the flower-beds and the eels, but when she reached the quays she blushed deeply, and turning towards the right went rapidly in the direction of the Phoenix Park. She told herself that she was not going in there, but would merely take a walk by the river, cross at Island Bridge, and go back on the opposite side of the Liffey to the Green. But when she saw the broad sunlit road gleaming through the big gates she thought she would go for a little way up there to look at the flowers behind the railings. As she went in a great figure came from behind the newspaper kiosk outside the gates and followed Mary up the road. When she paused to look at the flowers the great figure halted also, and when she went on again it followed. Mary walked past the Gough Statue and turned away into the fields and the trees, and here the figure lengthened its stride. In the middle of the field a big shadow bobbed past her shoulder, and she walked on holding her breath and watching the shadow growing by queer forward jerks. In a moment the dull beat of feet on grass banished all thought of the shadow, and then there came a cheerful voice in her ears, and the big policeman was standing by her side. For a few moments they were stationary, making salutation and excuse and explanation, and then they walked slowly on through the sunshine. Wherever there was a bush there were flowers on it. Every tree was thronged with birds that sang shrilly and sweetly in sudden thrills and clear sustained melodies, but in the open spaces the silence was more wonderful; there was no bird note to come between Mary and that deep voice, no shadow of a tree to swallow up their own two shadows; and the sunlight was so mildly warm, the air was so sweet and pure, and the little wind that hushed by from the mountains was a tender and a peaceful wind.

XIII

After that day Mary Makebelieve met her new friend frequently. Somehow, wherever she went, he was not far away; he seemed to spring out of space—one moment she was alone watching the people passing and the hurrying cars and the thronged and splendid shop windows, and then a big voice was booming down to her and a big form was pacing deliberately by her side. Twice he took her into a restaurant and gave her lunch. She had never been in a restaurant before, and it seemed to her like a place in fairyland. The semi-darkness of the retired rooms faintly colored by tiny electric lights, the beautifully clean tables and the strange foods, the neatly dressed waitresses with quick, deft movements and gravely attentive faces—these things thrilled her. She noticed that the girls in the restaurant, in spite of their gravity and industry, observed both herself and the big man with the minutest inspection, and she felt that they all envied her the attentions of so superb a companion. In the street also she found that many people looked at them, but, listening to his constant and easy speech, she could not give these people the attention they deserved.

When they did not go to the Park they sought the most reserved streets or walked out to the confines of the town and up by the River Dodder. There are exquisitely beautiful places along the side of the Dodder: shy little harbors and backwaters, and now and then a miniature waterfall or a broad placid reach upon which the sun beats down like silver. Along the river-bank the grass grows rank and wildly luxurious, and at this season, warmed by the sun, it was a splendid place to sit. She thought she could sit there forever watching the shining river and listening to the great voice by her side.

He told her many things about himself and about his comrades—those equally huge men. She could see them walking with slow vigor through their barrack-yard, falling in for exercise or gymnastics or for school. She wondered what they were taught, and who had sufficient impertinence to teach giants, and were they ever slapped for not knowing their lessons? He told her of his daily work, the hours when he was on and off duty, the hours when he rose in the morning and when he went to bed. He told her of night duty, and drew a picture of the blank deserted streets which thrilled and frightened her... the tense darkness, and how through the silence the sound of a footstep was magnified a thousand-fold, ringing down the desolate pathways away and away to the smallest shrill distinctness, and she saw also the alleys and laneways hooded in blackness, and the one or two human fragments who drifted aimless and frantic along the lonely streets, striving to walk easily for fear of their own thundering footsteps, cowering in the vastness of the city, dwarfed and shivering beside the gaunt houses; the thousands upon thousands of black houses, each deadly silent, each seeming to wait and listen for the morning, and each teeming with men and women who slept in peace because he was walking up and down outside, flashing his lantern on shop windows and feeling doors to see if they were by any chance open. Now and again a step from a great distance would tap-tap-tap, a far-off delicacy of sound, and either die away down echoing side streets or come clanking on to where he stood, growing louder and clearer and more resonant, ringing again and again in doubled and trebled echoes; while he, standing far back in a doorway, watched to see who was abroad at the dead of night—and then that person went away on his strange errand, his footsteps tramping down immense distances, till the last echo and the last faint tremble of his feet eddied into the stillness. Now and again a cat dodged gingerly along a railing, or a strayed dog slunk fearfully down the pathway, nosing everywhere in and out of the lamplight, silent and hungry and desperately eager. He told her stories also, wonderful tales of great fights and cunning tricks, of men and women whose whole lives were tricks, of people who did not know how to live except by theft and violence; people who were born by stealth, who ate by subterfuge, drank by dodges, got married in antics and slid into death by strange, subterranean passages. He told her the story of the Two Hungry Men, and of The Sailor Who Had Been Robbed, and a funny tale about the Barber Who Had Two Mothers. He also told her the stories of The Eight Tinkers, and of the Old Women Who Steal Fish at Night-time, and the story of The Man He Let Off, and he told her a terrible story of how he fought five men in a little room, and he showed her a great livid scar hidden by his cap, and the marks in his neck where he had been stabbed with a jagged bottle, and his wrist which an Italian madman had thrust through and through with a dagger.

But though he was always talking he was not always talking of himself. Through his conversation there ran a succession of queries—tiny, slender questions which ran out of his stories and into her life—questions so skillful and natural and spontaneous that only a girl could discover the curiosity which prompted them. He wanted her name, her address, her mother's name, her father's name; had she other relatives, did she go to work yet, what was her religion, was it a long time since she left school, and what was her mother's business? To all of these Mary Makebelieve answered with glad candor. She saw each question coming, and the personal curiosity lying behind it she divined and was glad of. She would have loved to ask him personal and intimate questions about his parents, his brothers and sisters, and what he said when he said his prayers, and had he walked with other girls, and, if so, what had he said to them, and what did he really and truly think of her? Her curiosity on all these points was abundant and eager, but she did not dare to even hint a question.

One of the queries often touched upon by him she eluded—she shrank from it with something like terror—it was, "What was her mother's business?" She could not bear to say that her mother was a charwoman. It did not seem fitting. She suddenly hated and was ashamed of this occupation. It took on an aspect of incredible baseness. It seemed to be the meanest employment wherein any one could be engaged; and so when the question, conveyed in a variety of ways, had to be answered it was answered with reservations—Mary Makebelieve told him a lie. She said her mother was a dressmaker.

XIV

One night when Mrs. Makebelieve came home she was very low-spirited indeed. She complained once more of a headache and of a languor which she could not account for. She said it gave her all the trouble in the world to lift a bucket. It was not exactly that she could not lift a bucket, but that she could scarcely close her mind down to the fact that a bucket had to be lifted. Some spring of willingness seemed to be temporarily absent. To close her two hands on a floor-cloth and twist it into a spiral in order to wring it thoroughly was a thing which she found herself imagining she could do if she liked, but had not the least wish to do. These duties, even when she was engaged in them, had a curious quality of remoteness. The bucket into which her hand had been plunged a moment before seemed somehow incredibly distant. To lift the soap lying beside the bucket one would require an arm of more than human reach, and having washed, or rather dabbed, at a square of flooring, it was a matter of grave concern how to reach the unwashed part just beyond without moving herself. This languor alarmed her. The pain in her head, while it was severe, did not really matter. Every one had pains and aches, sores and sprains, but this unknown weariness and disinclination for the very slightest exertion gave her a fright.

Mary tempted her to come out and watch the people going into the Gayety Theater. She said a certain actor was playing whom all the women of Dublin make pilgrimages, even from distant places, to look at; and by going at once they might be in time to see him arriving in a motor-car at the stage door, when they could have a good look at him getting out of the car and going into the theater. At these tidings Mrs. Makebelieve roused for a moment from her strange apathy. Since tea-time she had sat (not as usual upright and gesticulating, but humped up and flaccid) staring at a blob of condensed milk on the outside of the tin. She said she thought she would go out and see the great actor, although what all the women saw in him to go mad about she did not know, but in another moment she settled back to her humped-up position and restored her gaze to the condensed milk tin. With a little trouble Mary got her to bed, where, after being hugged for one moment, she went swiftly and soundly to sleep.

Mary was troubled because of her mother's illness, but, as it is always difficult to believe in the serious illness of another person until death has demonstrated its gravity, she soon dismissed the matter from her mind. This was the more easily done because her mind was teeming with impressions and pictures and scraps of dialogue.

As her mother was sleeping peacefully, Mary put on her hat and went out. She wanted, in her then state of mind, to walk in the solitude which can only be found in crowded places, and also she wanted some kind of distraction. Her days had lately been so filled with adventure that the placid immobility of the top back room was not only irksome, but maddening, and her mother's hasty and troubled breathing came between her and her thoughts. The poor furniture of the room was hideous to her eyes, the uncarpeted floor and bleak, stained walls dulled her.

She went out, and in a few moments was part of the crowd which passes and repasses nightly from the Rotunda up the broad pathways of Sackville Street, across O'Connell Bridge, up Westmoreland Street, past Trinity College, and on through the brilliant lights of Grafton Street to the Fusiliers' Arch at the entrance to St. Stephen's Green Park. Here from half-past seven o'clock in the evening youthful Dublin marches in joyous procession. Sometimes bevies of young girls dance by, each a giggle incarnate. A little distance behind these a troop of young men follow stealthily and critically. They will be acquainted and more or less happily paired before the Bridge is reached. But generally the movement is in couples. Appointments, dating from the previous night, have filled the streets with happy and careless boys and girls—they are not exactly courting, they are enjoying the excitement of fresh acquaintance; old conversation is here poured into new bottles, old jokes have the freshness of infancy, every one is animated, and polite to no one but his partner; the people they meet and pass and those who overtake and pass them are all subjects for their wit and scorn, while they, in turn, furnish a moment's amusement and conversation to each succeeding couple. Constantly there are stoppages when very high-bred introductions result in a redistribution of the youngsters. As they move apart the words "To-morrow night," or "Thursday," or "Friday," are called laughingly back, showing that the late partner is not to be lost sight of utterly; and then the procession begins anew.

Among these folk Mary Makebelieve passed rapidly. She knew that if she walked slowly some partially-elaborate gentleman would ask suddenly what she had been doing with herself since last Thursday, and would introduce her as Kate Ellen to six precisely similar young gentlemen, who smiled blandly in a semicircle six feet distant. This had happened to her once before, and as she fled the six young gentlemen had roared "Bow, wow, wow" after her, while the seventh mewed earnestly and with noise.

She stood for a time watching the people thronging into the Gayety Theater. Some came in motor-cars, others in carriages. Many hearse-like cabs deposited weighty and respectable solemnities under the glass-roofed vestibule. Swift outside cars buzzed on rubber tires with gentlemen clad in evening dress, and ladies whose silken wraps blew gently from their shoulders, and, in addition, a constant pedestrian stream surged along the pathway. From the shelter of an opposite doorway Mary watched these gaily animated people. She envied them all innocently enough, and wondered would the big policeman ever ask her to go to the theater with him, and if he did, would her mother let her go. She thought her mother would refuse, but was dimly certain that in some way she would manage to get out if such a delightful invitation were given her. She was dreaming of the alterations she would make in her best frock in anticipation of such a treat when, half-consciously, she saw a big figure appear round the corner of Grafton Street and walk towards the theater. It was he, and her heart jumped with delight. She prayed that he would not see her, and then she prayed that he would, and then, with a sudden, sickening coldness, she saw that he was not alone. A young, plump, rosy-cheeked girl was at his side. As they came nearer the girl put her arm into his and said something. He bent down to her and replied, and she flashed a laugh up at him. There was a swift interchange of sentences, and they both laughed together, then they disappeared into the half-crown door.

Mary shrank back into the shadow of the doorway. She had a strange notion that everybody was trying to look at her, and that they were all laughing maliciously. After a few moments she stepped out on the path and walked homewards quickly. She did not hear the noises of the streets, nor see the promenading crowds. Her face was bent down as she walked, and beneath the big brim of her straw hat her eyes were blinded with the bitterest tears she had ever shed.

XV

Next morning her mother was no better. She made no attempt to get out of bed, and listened with absolute indifference when the morning feet of the next-door man pounded the stairs. Mary awakened her again and again, but each time, after saying "All right, dearie," she relapsed to a slumber which was more torpor than sleep. Her yellow, old-ivory face was faintly tinged with color; her thin lips were relaxed, and seemed a trifle fuller, so that Mary thought she looked better in sickness than in health; but the limp arm lying on the patchwork quilt seemed to be more skinny than thin, and the hand was more waxen and claw-like than heretofore.

Mary laid the breakfast on the bed as usual, and again awakened her mother, who, after staring into vacancy for a few moments, forced herself to her elbow, and then, with sudden determination, sat up in the bed and bent her mind inflexibly on her breakfast. She drank two cups of tea greedily, but the bread had no taste in her mouth, and after swallowing a morsel she laid it aside.

"I don't know what's up with me at all, at all," said she.

"Maybe it's a cold, mother," replied Mary.

"Do I look bad, now?"

Mary scrutinized her narrowly.

"No," she answered, "your face is redder than it does be, and your eyes are shiny. I think you look splendid and well. What way do you feel?"

"I don't feel at all, except that I'm sleepy. Give me the glass in my hand, dearie, till I see what I'm like."

Mary took the glass from the wall and handed it to her.

"I don't look bad at all. A bit of color always suited me. Look at my tongue, though, it's very, very dirty; it's a bad tongue altogether. My mother had a tongue like that, Mary, when she died."

"Have you any pain?" said her daughter.

"No, dearie; there is a buzz in the front of my head as if something was spinning round and round very quickly, and that makes my eyes tired, and there's a sort of feeling as if my head was twice as heavy as it should be. Hang up the glass again. I'll try and get a sleep, and maybe I'll be better when I waken up. Run you out and get a bit of steak, and we'll stew it down and make beef-tea, and maybe that will do me good. Give me my purse out of the pocket of my skirt."

Mary found the purse and brought it to the bed. Her mother opened it and brought out a thimble, a bootlace, five buttons, one sixpenny piece and a penny. She gave Mary the sixpence.

"Get half a pound of leg beef," said she, "and then we'll have fourpence left for bread and tea; no, take the other penny, too, and get half a pound of pieces at the butcher's for twopence and a twopenny tin of condensed milk, that's fourpence, and a three ha'penny loaf and one penny for tea, that's sixpence ha'penny, and get onions with the odd ha'penny, and we'll put them in the beef-tea. Don't forget, dearie, to pick lean bits of meat; them fellows do be always trying to stick bits of bone and gristle on a body. Tell him it's for beef-tea for your mother, and that I'm not well at all, and ask how Mrs. Quinn is; she hasn't been down in the shop for a long time. I'll go to sleep now. I'll have to go to work in the morning whatever happens, because there isn't any money in the house at all. Come home as quick as you can, dearie."

Mary dressed herself and went out for the provisions, but she did not buy them at once. As she went down the street she turned suddenly, clasping her hands in a desperate movement, and walked very quickly in the opposite direction. She turned up the side streets to the quays, and along these to the Park Gates. Her hands were clasping and unclasping in an agony of impatience, and her eyes roved busily here and there, flying among the few pedestrians like lanterns. She went through the gates and up the broad central path, and here she walked more slowly: but she did not see the flowers behind the railings, or even the sunshine that bathed the world in glory. At the monument she sped a furtive glance down the road she had traveled—there was nobody behind her. She turned into the fields, walking under trees which she did not see, and up hills and down valleys without noticing the incline of either. At times, through the tatter of her mind there blazed a memory of her mother lying sick at home, waiting for her daughter to return with food, and at such memories she gripped her hands together frightfully and banished the thought.—A moment's reflection and she could have hated her mother.

It was nearly five o'clock before she left the Park. She walked in a fog of depression. For hours she had gone hither and thither in the well-remembered circle, every step becoming more wayward and aimless. The sun had disappeared, and a gray evening bowed down upon the fields; the little wind that whispered along the grass or swung the light branches of the trees had a bleak edge to it. As she left the big gates she was chilled through and through, but the memory of her mother now set her running homewards. For the time she forgot her quest among the trees and thought only, with shame and fear, of what her mother would say, and of the reproachful, amazed eyes which would be turned on her when she went in. What could she say? She could not imagine anything. How could she justify a neglect which must appear gratuitous, cold-blooded, inexplicable?

When she had brought the food and climbed the resonant stairs she stood outside the door crying softly to herself. She hated to open the door. She could imagine her mother sitting up in the bed dazed and unbelieving, angry and frightened, imagining accidents and terrors, and when she would go in... she had an impulse to open the door gently, leave the food just inside and run down the stairs out into the world anywhere and never come back again. At last in desperation she turned the handle and stepped inside. Her face flamed, the blood burned her eyes physically so that she could not see through them. She did not look at the bed, but went direct to the fireplace, and with a dogged patience began mending the fire. After a few stubborn moments she twisted violently to face whatever might come, ready to break into angry reproaches and impertinences, but her mother was lying very still. She was fast asleep, and a weight, an absolutely real pressure, was lifted from Mary's heart. Her fingers flew about the preparation of the beef-tea. She forgot the man whom she had gone to meet. Her arms were tired and hungry to close around her mother. She wanted to whisper little childish words to her, to rock her to and fro on her breast, and croon little songs and kiss her, and pat her face.

XVI

Her mother did not get better. Indeed, she got worse. In addition to the lassitude of which she had complained she suffered also from great heat and great cold, and, furthermore, sharp pains darted so swiftly through her brows that at times she was both dizzy and sightless. A twirling movement in her head prevented her from standing up. Her center of gravity seemed destroyed, for when she did stand and attempted to walk she had a strange bearing away on one side, so that on striving to walk towards the door she veered irresistibly at least four feet to the left-hand side of that point. Mary Makebelieve helped her back to bed, where she lay for a time watching horizontal lines spinning violently in front of her face, and these lines after a time crossed and recrossed each other in so mazy and intricate a pattern that she became violently sick from the mere looking at them.

All of these things she described to her daughter, tracing the queer patterns which were spinning about her with such fidelity that Mary was almost able to see them. She also theorized about the cause and ultimate effect of these symptoms, and explained the degrees of heat and cold which burned or chilled her, and the growth of a pain to its exquisite startling apex, its subsequent slow recession, and the thud of an india-rubber hammer which ensued when the pain had ebbed to its easiest level. It did not occur to either of them to send for a doctor. Doctors in such cases are seldom sent for, seldom even thought of. One falls sick according to some severely definite, implacable law with which it is foolish to quarrel, and one gets well again for no other reason than that it is impossible to be sick forever. As the night struggles slowly into day so sickness climbs stealthily into health, and nature has a system of medicining her ailments which might only be thwarted by the ministrations of a mere doctor. Doctors also expect payment for their services—an expectation so wildly beyond the range of common sense as to be ludicrous. Those who can scarcely fee a baker when they are in health can certainly not remunerate a physician when they are ill.

But, despite her sickness, Mrs. Makebelieve was worried with the practical common politics of existence. The food purchased with her last sevenpence was eaten beyond remembrance. The vital requirements of the next day and the following day and of all subsequent days thronged upon her, clamoring for instant attention. The wraith of a landlord sat on her bed demanding rent and threatening grisly alternatives. Goblins that were bakers and butchers and grocers grinned and leered and jabbered from the corners of the room.

Each day Mary Makebelieve went to the pawn office with something. They lived for a time on the only capital they had—the poor furniture of their room. Everything which had even the narrowest margin of value was sold. Mary's dresses kept them for six days. Her mother's Sunday skirt fed them for another day. They held famine at bay with a patchwork quilt and a crazy washstand. A water-jug and a strip of oilcloth tinkled momentarily against the teeth of the wolf and disappeared. The maw of hunger was not incommoded by the window curtain.

At last the room was as bare as a desert and almost as uninhabitable. A room without furniture is a ghostly place. Sounds made therein are uncanny, even the voice puts off its humanity and rings back with a bleak and hollow note, an empty resonance tinged with the frost of winter. There is no other sound so deadly, so barren and dispiriting as the echoes of an empty room. The gaunt woman in the bed seemed less gaunt than her residence, and there was nothing more to be sent to the pawnbroker or the secondhand dealer.

A postcard came from Mrs. O'Connor requesting, in a peremptory language customary to such communications, that Mrs. Makebelieve would please call on her the following morning before eight o'clock. Mrs. Makebelieve groaned as she read it. It meant work and food and the repurchase of her household goods, and she knew that on the following morning she would not be able to get up. She lay a while thinking, and then called her daughter.

"Dearie," said she, "you will have to go to this place in the morning and try what you can do. Tell Mrs. O'Connor that I am sick, and that you are my daughter and will do the work, and try and do the best you can for a while."

She caught her daughter's head down to her bosom and wept over her, for she saw in this work a beginning and an end, the end of the little daughter who could be petted and rocked and advised, the beginning of a womanhood which would grow up to and beyond her, which would collect and secrete emotions and aspirations and adventures not to be shared even by a mother, and she saw the failure which this work meant, the expanding of her daughter's life ripples to a bleak and miserable horizon where the clouds were soap-suds and floor-cloths, and the beyond a blank resignation only made energetic by hunger.

"Oh, my dear," said she, "I hate to think of you having to do such work, but it will only be for a while, a week, and then I will be well again. Only a little week, my love, my sweetheart, my heart's darling."

XVII

Early on the following morning Mary Makebelieve awakened with a start. She felt as if some one had called her, and lay for a few moments to see had her mother spoken. But her mother was still asleep. Her slumber was at all times almost as energetic as her wakening hours. She twisted constantly and moved her hands and spoke ramblingly. Odd interjections, such as "Ah, well!" "No matter!" "Certainly not!" and "Indeed aye," shot from her lips like bullets, and at intervals a sarcastic sniff fretted or astonished her bedfellow into wakefulness. But now as she lay none of these strenuous ejaculations were audible. Sighs only, weighty and deep drawn and very tired, broke on her lips and lapsed sadly into the desolate room.

Mary Makebelieve lay for a time wondering idly what had awakened her so completely, for her eyes were wide open and every vestige of sleep was gone from her brain; and then she remembered that on this morning, and for the first time in her life, she had to go to work. That knowledge had gone to bed with her and had awakened her with an imperious urgency. In an instant she sprang out of bed, huddled on sufficient clothing for warmth, and set about lighting the fire. She was far too early awake, but could not compose herself to lie for another moment in bed. She did not at all welcome the idea of going to work, but the interest attaching to a new thing, the freshness which vitalizes for a time even the dreariest undertaking, prevented her from rueing with any bitterness her first day's work. To a young person even work is an adventure, and anything which changes the usual current of life is welcome. The fire also went with her; in quite a short time the flames had gathered to a blaze, and matured, and concentrated to the glowing redness of perfect combustion, then, when the smoke had disappeared with the flames, she put on the saucepan of water. Quickly the saucepan boiled, and she wet the tea. She cut the bread into slices, put a spoonful of condensed milk into each cup, and awakened her mother.

All through the breakfast her mother advised her on the doing of her work. She cautioned her daughter when scrubbing woodwork always to scrub against the grain, for this gave a greater purchase to the brush, and removed the dirt twice as quickly as the seemingly easy opposite movement. She told her never to save soap—little soap meant much rubbing—and advised that she should scrub two minutes with one hand and then two minutes with the other hand, and she was urgent on the necessity of thoroughness in the wringing out of one's floor-cloth, because a dry floor-cloth takes up twice as much water as a wet one, and thus lightens labor; also she advised Mary to change her positions as frequently as possible to avoid cramp when scrubbing, and to kneel up or stand up when wringing her cloths, as this would give her a rest, and the change of movement would relieve her very greatly, and above all to take her time about the business, because haste seldom resulted in clean work, and was never appreciated by one's employer.

Before going out Mary Makebelieve had to arrange for some one to look after her mother during the day. This is an arrangement which, among poor people, is never difficult of accomplishment. The first to whom she applied was the laboring man's wife in the next room; she was a vast woman with six children and a laugh like the rolling of a great wind, and when Mary Makebelieve advanced her request she shook six children off her like toys and came out on the landing.

"Run off to your work now, honey," said she, "and let you be easy in your mind about your mother, for I'll go up to her this minute, and when I'm not there myself I'll leave one of the children with her to call me if she wants anything, and don't you be fretting at all, God help you! for she'll be as safe and as comfortable with me as if she was in Jervis Street Hospital or the Rotunda itself. What's wrong with her now? Is it a pain in her head she has or a sick stomach, God help her?"

Mary explained briefly, and as she went down the stairs she saw the big woman going into her mother's room.

She had not been out in the streets so early before, and had never known the wonder and beauty of the sun in the early morning. The streets were almost deserted, and the sunlight—a most delicate and nearly colorless radiance—fell gently on the long silent paths. Missing the customary throng of people and traffic she seemed almost in a strange country, and had to look twice for turnings which she could easily have found with her eyes shut. The shutters were up in all the shops and the blinds were down in most of the windows. Now and again a milk cart came clattering and rattling down a street, and now and again a big red-painted baker's cart dashed along the road. Such few pedestrians as she met were poorly dressed men, who carried tommy cans and tools, and they were all walking at a great pace, as if they feared they were late for somewhere. Three or four boys passed her running; one of these had a great lump of bread in his hand, and as he ran he tore pieces off the bread with his teeth and ate them. The streets looked cleaner than she had thought they could look, and the houses seemed very quiet and beautiful. When she came near a policeman she looked at him keenly from a distance, hoping and fearing that it might be her friend, but she did not see him. She had a sinking feeling at the thought that maybe he would be in the Phoenix Park this day looking for her, and might, indeed, have been there for the past few days, and the thought that he might be seeking for her unavailingly stabbed through her mind like a pain. It did not seem right, it was not in proportion, that so big a man should seek for a mere woman and not find one instantly to hand. It was pitiful to think of the huge man looking on this side and on that, peering behind trees and through distances, and thinking that maybe he was forgotten or scorned. Mary Makebelieve almost wept at the idea that he should fancy she scorned him. She wondered how, under such circumstances, a small girl can comfort a big man. One may fondle his hand, but that is miserably inadequate. She wished she was twice as big as he was, so that she might lift him bodily to her breast and snuggle and hug him like a kitten. So comprehensive an embrace alone could atone for injury to a big man's feelings.

In about twenty minutes she reached Mrs. O'Connor's house and knocked. She had to knock half a dozen times before she was admitted, and on being admitted had a great deal of trouble explaining who she was, and why her mother had not come, and that she was quite competent to undertake the work. She knew the person who opened the door for her was not Mrs. O'Connor, because she had not a hairy wart on her chin, nor had she buck teeth. After a little delay she was brought to the scullery and given a great pile of children's clothing to wash, and after starting this work she was left to herself for a long time.

XVIII

It was a dark house. The windows were all withered away behind stiff curtains, and the light that labored between these was chastened to the last degree of respectability. The doors skulked behind heavy plush hangings. The floors hid themselves decently under thick red and black carpets, and the margins which were uncarpeted were disguised by beeswax, so that no one knew they were there at all. The narrow hall was steeped in shadow, for there two black velvet portieres, at distances of six feet apart, depended from rods in the ceiling. Similar palls flopped on each landing of the staircase, and no sound was heard in the house at all, except dim voices that droned from somewhere, muffled and sepulchral and bodiless.

At ten o'clock, having finished the washing, Mary was visited by Mrs. O'Connor, whom she knew at once by the signs she had been warned of. The lady subjected each article that had been washed to a particular scrutiny, and, with the shadowy gallop of a smile that dashed into and out of sight in an instant, said they would do. She then conducted Mary to the kitchen and, pointing to a cup of tea and two slices of bread, invited her to breakfast, and left her for six minutes, when she reappeared with the suddenness of a marionette and directed her to wash her cup and saucer, and then to wash the kitchen, and these things also Mary did.

She got weary very soon, but not dispirited, because there were many things to look at in the kitchen. There were pots of various sizes and metals, saucepans little and big, jugs of all shapes, and a regiment of tea things were ranged on the dresser; on the walls were hung great pot-lids like the shields of barbarous warriors which she had seen in a story book. Under the kitchen table there was a row of boots all wrinkled by usage, and each wearing a human and almost intelligent aspect—a well-wrinkled boot has often an appearance of mad humanity which can chain and almost hypnotize the observer. As she lifted the boots out of her way she named each by its face. There was Grubtoes, Sloucher, Thump-thump, Hoppit, Twitter, Hide-away, and Fairybell.

While she was working a young girl came into the kitchen and took up the boots called Fairybell. Mary just tossed a look at her as she entered and bent again to her washing. Then with an extreme perturbation she stole another look. The girl was young and as trim as a sunny garden. Her face was packed with laughter and freedom, like a young morning when tender rosy clouds sail in the sky. She walked with a light spring of happiness; each step seemed the beginning of a dance, light and swift and certain. Mary knew her in a pang, and her bent face grew redder than the tiles she was scrubbing. Like lightning she knew her. Her brain swung in a clamor of "where, where?" and even in the question she had the answer, for this was the girl she had seen going into the Gayety Theater swinging on the arm of her big policeman. The girl said "Good morning" to her in a kindly voice, and Mary with a swift, frightened glance, whispered back "Good morning", then the girl went upstairs again, and Mary continued to scrub the floor.

When the kitchen was finished and inspected and approved of, she was instructed to wash out the front hall, and set about the work at once.

"Get it done as quickly as you can," said the mistress, "I am expecting my nephew here soon, and he dislikes washing."

So Mary bent quickly to her work. She was not tired now. Her hands moved swiftly up and down the floor without effort. Indeed, her actions were almost mechanical. The self that was thinking and probing seemed somehow apart from the body bending over the bucket, and the hands that scrubbed and dipped and wrung. She had finished about three quarters of the hall when a couple of sharp raps came to the door. Mrs. O'Connor flew noiselessly up from the kitchen.

"I knew," said she, bitterly, "that you would not be finished before he came. Dry that puddle at once, so that he can walk in, and take the soap out of the way."

She stood with her hand on the door while Mary followed these directions, then, when a couple of hasty movements had removed the surplus water, Mrs. O'Connor drew the bolt and her nephew entered. Mary knew him on the doorstep, and her blood froze in terror and boiled again in shame.

Mrs. O'Connor drew the big policeman inside and kissed him.

"I can't get these people to do things in time," said she. "They are that slow! Hang up your hat and coat and come into the parlor."

The policeman, with his eyes fixed steadily on Mary, began to take off his coat. His eyes, his moustache, all his face and figure seemed to be looking at her. He was an enormous and terrifying interrogation. He tapped his tough moustache and stepped over the bucket; at the entrance to the parlor he stood again and hung his monstrous look on her. He seemed about to speak, but it was to Mrs. O'Connor his words went.

"How's everything?" said he, and then the door closed behind him.

Mary, with extraordinary slowness, knelt down again beside the bucket and began to scrub. She worked very deliberately, sometimes cleaning the same place two or three times. Now and again she sighed, but without any consciousness of trouble. These were sighs which did not seem to belong to her. She knew she was sighing, but could not exactly see how the dull sounds came from her lips when she had no desire to sigh and did not make any conscious effort to do so. Her mind was an absolute blank, she could think of nothing but the bubbles which broke on the floor and in the bucket, and the way the water squeezed down from the cloth. There was something she could have thought about if she wanted to, but she did not want to.

Mrs. O'Connor came out in, a few minutes, inspected the hall and said it would do. She paid Mary her wages and told her to come again the next day, and Mary went home. As she walked along she was very careful not to step on any of the lines on the pavement; she walked between these, and was distressed because these lines were not equally distant from each other, so that she had to make unequal paces as she went.

XIX

The name of the woman from next door was Mrs. Cafferty. She was big and round, and when she walked her dress whirled about her like a tempest. She seemed to be always turning round; when she was going straight forward in any direction, say towards a press, she would turn aside midway so sharply that her clothing spun gustily in her wake—this probably came from having many children. A mother is continually driving in oblique directions from her household employments to rescue her children from a multitude of perils. An infant and a fireplace act upon each other like magnets; a small boy is always trying to eat a kettle or a piece of coal or the backbone of a herring; a little girl and a slop-bucket are in immediate contact; the baby has a knife in its mouth; the twin is on the point of swallowing a marble, or is trying to wash itself in the butter, or the cat is about to take a nap on its face. Indeed, the woman who has six children never knows in what direction her next step must be, and the continual strain of preserving her progeny converts many a one into regular cyclones of eyes and arms and legs. It also induces in some a perpetual good-humored irritability wherein one can slap and cuddle a child in the same instant, or shout threateningly or lovingly, call warningly and murmur encouragingly in an astonishing sequence. The woman with six children must both physically and mentally travel at a tangent, and when a husband has to be badgered or humored into the bargain, then the life of such a woman is more complex than is readily understood.

When Mary came home Mrs. Cafferty was sitting on her mother's bed, two small children and a cat were also on the bed, two slightly bigger children were under the bed, and two others were galloping furiously up and down the room. At one moment these latter twain were runaway horses, at another they were express trains. When they were horses they snorted and neighed and kicked, when they were trains they backed and shunted, blew whistles and blew off steam. The children under the bed were tigers in a jungle, and they made the noises proper to such beasts and such a place; they bit each other furiously, and howled and growled precisely as tigers do. The pair of infants on the bed were playing the game of bump; they would stand upright, then spring high into the air and come crashing down on the bed, which then sprung them partly up again. Each time they jumped they screamed loudly, each time they fell they roared delighted congratulations to each other, and when they fell together they fought with strong good humor. Sometimes they fell on Mrs. Makebelieve; always they bumped her. At the side of the bed their mother sat telling with a gigantic voice a story wherein her husband's sister figured as the despicable person she was to the eye of discernment, and this story was punctuated and shot through and dislocuted by objurgations, threats, pleadings, admirations, alarms and despairs addressed to the children separately and *en masse*, by name, nickname, and hastily created epithet.

Mary halted in amazement in the doorway. She could not grasp all the pandemonium at once, and while she stood Mrs. Cafferty saw her.

"Come on in, honey," said she. "Your ma's as right as a trivet. All she wanted was a bit of good company and some children to play with. Deed," she continued, "children are the best medicine for a woman that I know of. They don't give you time to be sick, the creatures! Patrick John, I'll give you a smack on the side of the head if you don't let your little sister alone, and don't you, Norah, be vexing him or you'll deserve all you get. Run inside, Julia Elizabeth, cut a slice of bread for the twins, and put a bit of sugar on it, honey. Yes, Alanna, you can have a slice for yourself, too, you poor child you, well you deserve it."

Mrs. Makebelieve was sitting up in the bed with two pillows propping up her back. One of her long thin arms was stretched out to preserve the twins from being bruised against the wall in their play. Plainly they had become great friends with her, for every now and then they swarmed over her, and a hugging match of extreme complexity ensued. She looked almost her usual self, and all the animation which had been so marked a feature of her personality had returned to her.

"Are you better, mother?" said Mary.

Mrs. Makebelieve took her daughter's head in her hands and kissed her until the twins butted them apart clamoring for caresses.

"I am, honey," said she. "Those children done me good. I could have got up at one o'clock, I felt so well, but Mrs. Cafferty thought I'd better not."

"I did so," said Mrs. Cafferty. "'Not a foot do you stir out of that bed till your daughter comes home, ma'm,' said I. For do you see, child, many's the time you'd be thinking you were well and feeling as fit as a fiddle, and nothing would be doing you but to be up and gallivanting about, and then the next day you'd have a relapse, and the next day you'd be twice as bad, and the day after that they'd be measuring you for your coffin maybe. I knew a woman was taken like that—up she got; 'I'm as well as ever I was,' said she, and she ate a feed of pig's cheek and cabbage and finished her washing, and they buried her in a week. It's the quare thing, sickness. What I say is when you're sick get into bed and stop there."

"It's easy saying that," said Mrs. Makebelieve.

"Sure, don't I know, you poor thing you," said Mrs. Cafferty, "but you should stay in bed as long as you are able to, anyhow."

"How did you get on with Mrs. O'Connor?" said Mrs. Makebelieve.

"That's the mistress, isn't it?" queried Mrs. Cafferty; "an ould devil, I'll bet you."

Mrs. Makebelieve rapidly and lightly sketched Mrs. O'Connor's leading peculiarities.

"It's queer the people one has to work for, God knows it is," said Mrs. Cafferty.

At this point a grave controversy on work might have arisen, but the children, caring little for conversation, broke into so tumultuous play that talk could not be proceeded with. Mary was enticed into a game composed in part of pussy-four-corners and tip-an-tig, with a general flavor of leap-frog working through. In five minutes her hair and her stockings were both down, and the back of her skirt had crawled three-quarters round to the front. The twins shouted and bumped on the bed, upon which and on Mrs. Makebelieve they rubbed bread and butter and sugar, while their mother roared an anecdote at Mrs. Makebelieve in tones that ruled the din as a fog-horn rules the waves.

XX

Mary had lavished the entire of her first day's wages on delicate foods wherewith to tempt her mother's languid appetite, and when the morning dawned she arose silently, lit the fire, wet the tea and spread her purchases out on the side of the bed. There was a slice of brawn, two pork sausages, two eggs, three rashers of bacon, a bun, a pennyworth of sweets and a pig's foot. These, with bread, and butter, and tea, made a collection amid which an invalid might browse with some satisfaction. Mary then awakened her, and sat by in a dream of happiness watching her mother's eye roll slowly and unbelievingly from item to item. Mrs. Makebelieve tipped each article with her first finger and put its right name on it unerringly. Then she picked out an important looking sweet that had four colors and shone like the sun, and put it in her mouth.

"I never saw anything like it, you good child you," said she.

Mary rocked herself to and fro and laughed loudly for delight, and then they ate a bit of everything, and were very happy.

Mrs. Makebelieve said that she felt altogether better that morning. She had slept like a top all through the night, and, moreover, had a dream wherein she saw her brother Patrick standing on the remotest sea point of distant America, from whence he had shouted loudly across the ocean that he was coming back to Ireland soon, that he had succeeded very well indeed, and that he was not married. He had not changed in the slightest degree, said Mrs. Makebelieve, and he looked as young and as jolly as when he was at home with her father and herself in the County Meath twenty-two years before. This mollifying dream and the easy sleep which followed it had completely restored her health and spirits. Mrs. Makebelieve further intimated that she intended to go to work that day. It did not fit in with her ideas of propriety that her child should turn into a charwoman, the more particularly as there was a strong—an almost certain—possibility of an early betterment of her own and her daughter's fortunes.

Dreams, said Mrs. Makebelieve, did not come for nothing. There was more in dreams than was generally understood. Many and many were the dreams which she herself had been visited by, and they had come true so often that she could no longer disregard their promises, admonishments or threats. Of course many people had dreams which were of no consequence, and these could usually be traced to gluttony or a flighty, inconstant imagination. Drunken people, for instance, often dreamed strange and terrible things, but, even while they were awake, these people were liable to imaginary enemies whom their clouded eyes and intellects magnified beyond any thoughtful proportions, and when they were asleep their dreams would also be subject to this haze and whirl of unreality and hallucination.

Mary said that sometimes she did not dream at all, and at other times she dreamed very vividly, but usually could not remember what the dream had been about when she awakened, and once she had dreamed that some one gave her a shilling which she placed carefully under her pillow, and this dream was so real that in the morning she put her hand under the pillow to see if the shilling was there, but it was not. The very next night she dreamed the same dream, and as she put the phantom money under her pillow she said out loudly to herself, "I am dreaming this, and I dreamt it last night also." Her mother said if she had dreamt it for the third time some one would have given her a shilling surely. To this Mary agreed, and admitted that she had tried very hard to dream it on the third night, but somehow could not do it.

"When my brother comes home from America," said Mrs. Makebelieve, "we'll go away from this part of the city at once. I suppose he'd want a rather big house on the south side—Rathfarnham or Terenure way, or, maybe, Donnybrook. Of course he'll ask me to mind the house for him and keep the servants in order, and provide a different dinner every day, and all that; while you could go out to the neighbors' places to play lawn-tennis or cricket, and have lunch. It will be a very great responsibility."

"What kind of dinners would you have?" said Mary.

Mrs. Makebelieve's eyes glistened, and she leaned forward in the bed; but just as she was about to reply the laboring man in the next room slammed his door, and went thundering down the stairs. In an instant Mrs. Makebelieve bounded from her bed; three wide twists put up her hair, eight strange billow-like movements put on her clothes; as each article of clothing reached a definite point on her person Mary stabbed it swiftly with a pin—four ordinary pins in this place, two safety-pins in that: then Mrs. Makebelieve kissed her daughter sixteen times and fled down the stairs and away to her work.

XXI

In a few minutes Mrs. Cafferty came into the room. She was, as every woman is in the morning, primed with conversation about husbands, for in the morning husbands are unwieldy, morose creatures without joy, without lightness, lacking even the common, elemental interest in their own children, and capable of detestably misinterpreting the conversation of their wives. It is only by mixing amongst other men that this malignant humor may be dispelled. To them the company of men is like a great bath into which a husband will plunge wildly, renouncing as he dives wife and children, all anchors and securities of hearth and roof, and from which he again emerges singularly refreshed and capable of being interested by a wife, a family, and a home until the next morning. To many women this is a grievance amounting often to an affront, and although they endeavor, even by cooking, to heal the singular breach, they are utterly unable to do so, and perpetually seek the counsel of each other on the subject. Mrs. Cafferty had merely asked her husband would he hold the baby while she poured out his stirabout, and he had incredibly threatened to pour the stirabout down the back of her neck if she didn't leave him alone.

It was upon this morning madness she had desired to consult her friend, and when she saw that Mrs. Makebelieve had gone away her disappointment was quite evident. But this was only for a moment. Almost all women are possessed of a fine social sense in relation to other women. They are always on their best behavior towards one another. Indeed, it often seems as if they feared and must by all possible means placate each other by flattery, humor or a serious tactfulness. There is very little freedom between them, because there is no real freedom or acquaintance but between things polar. There is nothing but a superficial resemblance between like and like, but between like and unlike there is space wherein both curiosity and spirit may go adventuring. Extremes must meet, it is their urgent necessity; the reason for their distance, and the greater the distance between them, the swifter will be their return and the warmer their impact: they may shatter each other to fragments or they may fuse and become indissoluble and new and wonderful, but there is no other fertility. Between the sexes there is a really extraordinary freedom of intercourse. They meet each other something more than half-way. A man and a woman may become quite intimate in a quarter of an hour. Almost certainly they will endeavor to explain themselves to each other before many minutes have elapsed; but a man and a man will not do this, and even less so will a woman and a woman, for these are the parallel lines which never meet. The acquaintanceship of the latter, in particular, often begins and ends in an armed and calculating neutrality. They preserve their distances and each others' sufferance by the exercise of a grave social tact which never deserts them, and which more than anything else has contributed to build the ceremonials which are nearly one-half of our civilization. It is a common belief amongst men that women cannot live together without quarreling, and that they are unable to get work done by other women with any of the good will which men display in the same occupations. If this is true, the reason should not be looked for in any intersexual complications, such as fear or an acrid rivalry, but only in the perpetually recurring physical disturbances to which, as a sex, they are subjected; and as the ability and willingness of a man to use his fists in response to an affront has imposed sobriety and good humor towards each other in almost all their relations, so women have placed barriers of politeness and ceremonial between their fellow-women and their own excoriated sensibilities.

Mrs. Cafferty, therefore, dissembled her disappointment, and with an increased cordiality addressed herself towards Mary. Sitting down on the bedside she discoursed on almost every subject upon which a woman may discourse. It is considered that the conversation of women, while incessant in its use, is rigorously bounded between the parlor and the kitchen, or, to be more precise, between the attic and the scullery, but these extremes are more inclusive than is imagined, for the attic has an outlook on the stars while the scullery usually opens on the kitchen garden or the dust-heap—vistas equal to horizons. The mysteries of death and birth occupy women far more than is the case with men, to whom political and mercantile speculations are more congenial. With immediate buying and selling, and all the absolute forms of exchange and barter, women are deeply engaged, so that the realities of trade are often more intelligible to them than to many merchants. If men understood domestic economy half as well as women do, then their political economy and their entire consequent statecraft would not be the futile muddle which it is.

It was all very interesting to Mary, and, moreover, she had a great desire for companionship at the moment. If she had been left alone it might have become necessary to confront certain thoughts, memories, pictures, from which she had a dim idea it would be wise to keep her distance. Her work on the previous day, the girl she had met in the house, the policeman—from all or any of these recollections she swerved mentally. She steadily rejected all impressions that touched upon these. The policeman floated vaguely on her consciousness not as a desirable person, not even as a person but as a distance, as an hour of her childhood, as a half-forgotten quaintness, a memory which it would be better should never be revived. Indeed her faint thought shadowed him as a person who was dead, and would never again be visible to her anywhere. So, resolutely, she let him drop down into her mind to some uncomfortable oubliette from whence he threatened with feeble insistence to pop up at any moment like a strange question or a sudden shame. She hid him in a rosy flush which a breath could have made flame unbearably, and she hid from him behind the light garrulity of Mrs. Cafferty, through which now and again, as through a veil, she saw the spike of his helmet, a wiry bristling moustache, a surge of great shoulders. On these ghostly indications she heaped a tornado of words which swamped the wraith, but she knew he was waiting to catch her alone, and would certainly catch her, and the knowledge made her hate him.

XXII

Mrs. Cafferty suggested that she and Mary should go out together to purchase that day's dinner, and by the time she had draped her shoulders in a shawl, buried her head in a bonnet, cautioned all her brood against going near the fireplace, the coal-box and the slop bucket, cut a slice of bread for each of them, and placed each of them in charge of all the rest, Mary's more elaborate dressing was within two stages of her hat.

"Wait until you have children, my dear," said Mrs. Cafferty, "you won't be so pernickety then." She further told Mary that when she was herself younger she had often spent an hour and a half doing up her hair, and she had been so particular that the putting on of a blouse or the pinning of a skirt to a belt had tormented her happily for two hours. "But, bless you," she roared, "you get out of all that when you get children. Wait till you have six of them to be dressed every morning, and they with some of their boots lost and the rest of them mixed up, and each of them wriggling like an eel on a pan until you have to slap the devil out of them before their stocking can be got on: the way they screw their toes up in the wrong places! and the way they squeal that you're pinching them! and the way that they say you've rubbed soap in their eyes!"—Mrs. Cafferty lifted her eyes and her hands to the ceiling in a dumb remonstrance with Providence, and dropped them again forlornly as one in whom Providence had never been really interested—"You'll have all the dressing you want and a bit over for luck," said she.

She complimented Mary on her hair, her complexion, the smallness of her feet, the largeness of her eyes, the slenderness of her waist, the width of her hat and of her shoe strings: so impartially and inclusively did she compliment her that by the time they went out Mary was rosy with appreciation and as self-confident as a young girl is entitled to be.

It was a beautiful gray day with a massy sky which seemed as if it never could move again or change, and, as often happens in Ireland in cloudy weather, the air was so very clear that one could see to a great distance. On such days everything stands out in sharp outline. A street is no longer a congery of houses huddling shamefully together and terrified lest any one should look at them and laugh. Each house then recaptures its individuality. The very roadways are aware of themselves and bear their horses, and cars, and trams in a competent spirit, adorned with modesty as with a garland. It has a beauty beyond sunshine, for sunshine is only youth and carelessness. The impress of a thousand memories, the historic visage becomes apparent: the quiet face which experience has ripened into knowledge and mellowed into the wisdom of charity is seen then: the great social beauty shines from the streets under this sky that broods like a thoughtful forehead.

While they walked Mrs. Cafferty planned, as a general might, her campaign of shopping. Her shopping differed greatly from Mrs. Makebelieve's, and the difference was probably caused by her necessity to feed and clothe eight people as against Mrs. Makebelieve's two. Mrs. Makebelieve went to the shop nearest her house, and there entered into a stanch personal friendship with the proprietor. When she was given anything of doubtful value or material she instantly returned and handed it back, and the prices which were first quoted to her and settled upon became to Mrs. Makebelieve an unalterable standard from which no departure would be tolerated. Eggs might go up in price for the remainder of the world, but not for her. A change of price threw Mrs. Makebelieve into so wide-eyed, so galvanic, so powerfully-verbal and friendship-shattering an anger that her terms were accepted and registered as Median exactitudes. Mrs. Cafferty, on the other hand, knew shopkeepers as personal enemies and as foes to the human race, who were bent on despoiling the poor, and against whom a remorseless warfare should be conducted by all decent people. Her knowledge of material, of quality, of degrees of freshness, of local and distant prices was profound. In Clanbrassil Street she would quote the prices of Moore Street with shattering effect, and if the shopkeeper declined to revise his tariff her good-humored voice toned so huge a disapproval that other intending purchasers left the shop impressed by the unmasking of a swindler. Her method was abrupt. She seized an article, placed it on the counter and uttered these words, "Sixpence and not a penny more; I can get it in Moore Street for five pence half penny." She knew all the shops having a cheap line in some special article, and, therefore, her shopping was of a very extended description, not that she went from point to point, for she continually departed from the line of battle with the remark "Let's try what they have here," and when inside the shop her large eye took in at a glance a thousand details of stock and price which were never afterwards forgotten.

Mrs. Cafferty's daughter, Norah, was going to celebrate her first Communion in a few days. This is a very important ceremony for a young girl and for her mother. A white muslin dress and a blue sash, a white muslin hat with blue ribbons, tan shoes, and stockings as germane to the color of tan as may be—these all have to be provided. It is a time of grave concern for everybody intimately connected with the event. Every girl in the world has performed this ceremony: they have all been clad in these garments and shoes, and for a day or so all women, of whatever age, are in love with the little girl making her first Communion. Perhaps more than anything else it swings the passing stranger back to the time when she was not a woman but a child with present gayety and curiosity, and a future all expectation and adventure. Therefore, the suitable appareling of one's daughter is a public duty, and every mother endeavors to do the thing that is right, and live, if only for one day, up to the admiration of her fellow-creatures.

It was a trial, but an enjoyable one, to Mrs. Cafferty and Mary, this matching of tan stockings with tan shoes. The shoes were bought, and then an almost impossible quest began to find stockings which would exactly go with them. Thousands of boxes were opened, ransacked and waved aside without the absolute color being discovered. From shop to shop and from street to street they went, and the quest led them through Grafton Street *en route* to a shop where months before Mrs. Cafferty had seen stockings of a color so nearly approximating to tan that they almost might be suitable.

As they went past the College and entered the winding street Mary's heart began to beat. She did not see any of the traffic flowing up and down, or the jostling, busy foot-passengers, nor did she hear the eager lectures of her companion. Her eyes were straining up the street towards the crossing. She dared not turn back or give any explanation to Mrs.

Cafferty, and in a few seconds she saw him, gigantic, calm, adequate, the monarch of his world. His back was turned to her, and the great sweep of his shoulders, his solid legs, his red neck and close-cropped, wiry hair were visible to her strangely. She had a peculiar feeling of acquaintance and of aloofness, intimate knowledge and a separation of sharp finality caused her to stare at him with so intent a curiosity that Mrs. Cafferty noticed it.

"That's a fine man," said she, "he won't have to go about looking for girls."

As she spoke they passed by the policeman, and Mary knew that when her eyes left him his gaze almost automatically fell upon her. She was glad that he could not see her face. She was glad that Mrs. Cafferty was beside her: had she been alone she would have been tempted to walk away very quickly, almost to run, but her companion gave her courage and self-possession, so that she walked gallantly. But her mind was a fever. She could feel his eyes raking her from head to foot, she could see his great hand going up to tap his crinkly moustache. These things she could see in her terrified mind, but she could not think, she could only give thanks to God because she had her best clothes on.

XXIII

Mrs. Makebelieve was planning to get back such of her furniture and effects as had been pawned during her illness. Some of these things she had carried away from her father's house many years before when she got married. They had been amongst the earliest objects on which her eyes had rested when she was born, and around them her whole life of memories revolved. A chair in which her father had sat and on the edge whereof her husband had timidly balanced himself when he came courting her, and into which her daughter had been tied when she was a baby. A strip of carpet and some knives and forks had formed portion of her wedding presents. She loved these things, and had determined that if work could retrieve them they should not be lost forever. Therefore, she had to suffer people like Mrs. O'Connor, not gladly, but with the resignation due to the hests of Providence which one must obey but may legitimately criticise. Mrs. Makebelieve said definitely that she detested the woman. She was a cold-eyed person whose only ability was to order about other people who were much better than she was. It distressed Mrs. Makebelieve to have to work for such a person, to be subject to her commands and liable to her reproofs or advice; these were things which seemed to her to be out of all due proportion. She did not wish the woman any harm, but some day or other she would undoubtedly have to put her in her proper place. It was a day to which she looked forward. Any one who had a sufficient income could have a house and could employ and pay for outside help without any particular reason for being proud, and many people, having such an income, would certainly have a better appointed house and would be more generous and civil to those who came to work for them. Everybody, of course, could not have a policeman for a nephew, and there were a great many people who would rather not have anything to do with a policeman at all. Overbearing rough creatures to whom everybody is a thief! If Mrs. Makebelieve had such a nephew she would certainly have wrecked his pride—the great beast! Here Mrs. Makebelieve grew very angry: her black eyes blazed, her great nose grew thin and white and her hands went leaping in fury. "'You're not in Court now, you jackanapes you,'—said I, with his whiskers and his baton, and his feet that were bigger than anything in the world except his ignorant self-conceit. 'Have you a daughter, ma'm?' said he, 'What's her age, ma'm?' said he, 'Is she a good girl, ma'm?' said he." But she had settled him. "And that woman was prouder of him than a king would be of his crown! Never mind," said Mrs. Makebelieve, and she darted fiercely up and down the room, tearing pieces off the atmosphere and throwing them behind her.

In a few minutes, however, she sat down on the floor and drew her daughter's head to her breast, and then, staring into the scrap of fire, she counseled Mary wisely on many affairs of life and the conduct of a girl under all kinds of circumstances—to be adequate in spirit if not in physique: that was her theme. Never be a servant in your heart, said she.

To work is nothing; the king on his throne, the priest kneeling before the Holy Altar, all people in all places had to work, but no person at all need be a servant. One worked and was paid, and went away keeping the integrity of one's soul unspotted and serene. If an employer was wise or good or kind, Mrs. Makebelieve was prepared to accord such a person instant and humble reverence. She would work for such a one until the nails dropped off her fingers and her feet crumpled up under her body; but a policeman or a rich person, or a person who ordered one about...! until she died and was buried in the depths of the world, she would never give in to such a person or admit anything but their thievishness and ill-breeding. Bad manners to the like of them! said she, and might have sailed boisterously away upon an ocean of curses but that Mary turned her face closer to her breast and began to speak.

For suddenly there had come to Mary a vision of peace: like a green island in the sea it was, like a white cloud on a broiling day; the sheltered life where all mundane preoccupations were far away, where ambition and hope and struggle were incredibly distant foolishness. Lowly and peaceful and unjaded was that life: she could see the nuns pacing quietly in their enclosed gardens, fingering their beads as they went to and fro and praying noiselessly for the sins of the world, or walking with solemn happiness to the Chapel to praise God in their own small companies, or going with hidden feet through the great City to nurse the sick and to comfort those who had no other comforter than God—To pray in a quiet place, and not to be afraid any more or doubtful or despised...! These things she saw and her heart leaped to them, and of these things she spoke to her mother, who listened with a tender smile and stroked her hair and hands. But her mother did not approve of these things. She spoke of nuns with reverence and affection. Many a gentle, sweet woman had she known of that sisterhood, many a one before whom she could have abased herself with tears and love, but such a life of shelter and restraint could never have been hers, nor did she believe it could be Mary's. For her a woman's business was life, the turmoil and strife of it was good to be in, it was a cleansing and a bracing. God did not need any assistance, but man did, bitterly he wanted it, and the giving of such assistance was the proper business of a woman. Everywhere there was a man to be helped, and the quest of a woman was to find the man who most needed her aid, and having found, to cleave to him forever. In most of the trouble of life she divined men and women not knowing or not doing their duty, which was to love one another and to be neighborly and obliging to their fellows. A partner, a home and children—through the loyal co-operation of these she saw happiness and, dimly, a design of so vast an architecture as scarcely to be discussed. The bad and good of humanity moved her to an equal ecstasy of displeasure and approbation, but her God was Freedom and her religion Love. Freedom! even the last rags of it that remain to a regimented world! That was a passion with her. She must order her personal life without any ghostly or bodily supervision. She would oppose an encroachment on that with her nails and her teeth; and this last fringe of freedom was what nuns had sacrificed and all servants and other people had bartered away. One must work, but one must never be a slave—these laws seemed to her equally imperative; the structure of the world swung upon them, and whoever violated these laws was a traitor to both God and man.

But Mary did not say anything. Her mother's arms were around her, and suddenly she commenced to cry upon a bosom that was not strange.

There was surely healing in that breast of love, a rampart of tenderness against the world, a door which would never be closed against her or opened to her enemies.

XXIV

In a little city like Dublin one meets every person whom one knows within a few days. Around each bend in the road there is a friend, an enemy, or a bore striding towards you, so that, with a piety which is almost religious, one says "touch wood" before turning any corner. It was not long, therefore, until Mary again met the big policeman. He came up behind her and walked by her side, chatting with a pleasant ease, in which, however, her curious mind could discover some obscure distinctions. On looking backwards it seemed to Mary that he had always come from behind her, and the retrospect dulled his glory to the diminishing point. For indeed his approach was too consistently policeman-like, it was too crafty; his advent hinted at a gross espionage, at a mind which was no longer a man's but a detective's who tracked everybody by instinct, and arrested his friends instead of saluting them.

As they walked along Mary was in a fever of discomfort. She wished dumbly that the man would go away, but for the wealth of the world she could not have brought herself to hurt the feelings of so big a man. To endanger the very natural dignity of a big man was a thing which no woman could do without a pang; the shame of it made her feel hot: he might have blushed or stammered, and the memory of that would sting her miserably for weeks as though she had insulted an elephant or a baby.

She could not get away from him. She had neither the courage nor the experience which enables a woman to dismiss a man without wounding him, and so, perforce, she continued walking by his side while he treated her to an intelligent dissertation on current political events and the topography of the city of Dublin.

But, undoubtedly, there was a change in the policeman, and it was not difficult to account for. He was more easy and familiar in his speech: while formerly he had bowed as from the peaks of manly intellect to the pleasant valleys of girlish incompetence he now condescended from the loftiness of a policeman and a person of quality to the quaint gutters of social inferiority. To many people mental inferiority in a companion has a charm, for it induces in one's proper person a feeling of philosophic detachment, a fine effect of personal individuality and superiority which is both bracing and uplifting–there is not any particular harm in this: progress can be, and is, accelerated by the hypocrisies and snobbishness, all the minor, unpleasant adjuncts of mediocrity. Snobbishness is a puling infant, but it may grow to a deeply whiskered ambition, and most virtues are, on examination, the amalgam of many vices. But while intellectual poverty may be forgiven and loved, social inequality can only be utilized. Our fellows, however addled, are our friends, our inferiors are our prey, and since the policeman had discovered Mary publicly washing out an alien hall his respect for her had withered and dropped to death almost in an instant; whence it appears that there is really only one grave and debasing vice in the world, and that is poverty.

In many little ways the distinction and the difference was apparent to Mary. The dignity of a gentleman and a man of the world was partly shorn away: the gentleman portion, which comprised kindness and reticence, had vanished, the man of the world remained, typified by a familiarity which assumed that this and that, understood but not to be mentioned, shall be taken for granted: a spurious equalization perched jauntily but insecurely on a non-committal, and that base flattery which is the only coin wherewith a thief can balance his depredations. For as they went pacing down a lonely road towards the Dodder the policeman diversified his entertaining lore by a succession of compliments which ravaged the heavens and the earth and the deep sea for a fitting symbology. Mary's eyes and the gay heavens were placed in juxtaposition and the heavens were censured, the vegetable, animal and mineral worlds were discomfited, the deep sea sustained a reproof and the by-products of nature and of art drooped into a nothingness too vast even for laughter. Mary had not the slightest objection to hearing that all the other women in the world seemed cripples and gargoyles when viewed against her own transcendent splendor, and she was prepared to love the person who said this innocently and happily. She would have agreed to be an angel or a queen to a man demanding potentates and powers in his sweetheart, and would joyfully have equalized matters by discovering the buried god in her lover and believing in it as sincerely as he permitted.—But this man was not saying the truth. She could see him making the things up as he talked. There was eagerness in him, but no spontaneity. It was not even eagerness, it was greediness: he wanted to eat her up and go away with her bones sticking out of his mouth as the horns of a deer protrude from the jaws of an anaconda, veritable evidence to it and his fellows of a victory and an orgy to command respect and envy. But he was familiar, he was complacent and—amazedly she discovered it—he was big. Her vocabulary could not furnish her with the qualifying word, or rather epithet, for his bigness. Horrible was suggested and retained, but her instinct clamored that there was a fat, oozy word somewhere which would have brought comfort to her brains and her hands and feet. He did not keep his arms quiet, but tapped his remarks into her blouse and her shoulder. Each time his hands touched her they remained a trifle longer. They seemed to be great red spiders, they would grip her all round and squeeze her clammily while his face spiked her to death with its moustache... And he smiled also, he giggled and cut capers; his language now was a perpetual witticism at which he laughed in jerks, and at which she laughed tightly like an obedient, quick echo: and then, suddenly, without a word, in a dazing flash, his arms were about her. There was nobody in sight at all, and he was holding her like a great spider, and his bristly moustache darted forward to spike her to death, and then, somehow, she was free, away from him, scudding down the road lightly and fearfully and very swiftly. "Wait, wait," he called—"wait!" but she did not wait.

XXV

Mrs. Cafferty came in that evening for a chat with Mrs. Makebelieve. There were traces of worry on the lady's face, and she hushed the children who trooped in her wake with less of good humor than they were accustomed to. Instead of threatening to smack them on the head, as was usual, she did smack them, and she walked surrounded by lamentations as by a sea.

Things were not going at all well with her. There was a slackness in her husband's trade so that for days together he was idle, and although the big woman amended her expenditure in every direction she could not by any means adjust eight robust appetites to a shrunken income. She explained her position to Mrs. Makebelieve:—Children would not, they could not, consent to go on shorter rations than they had been accustomed to, and it seemed to her that daily, almost hourly, their appetites grew larger and more terrible. She showed her right hand whereon the mere usage of a bread-knife had scored a ridge which was now a permanent disfigurement.

"God bless me," she shouted angrily, "what right have I to ask the creatures to go hungry? Am I to beat them when they cry? It's not their fault that they want food, and it's not my poor man's fault that they haven't any. He's ready to work at his trade if anybody wants him to do so, and if he can't get work and if the children are hungry, whose fault is it?"

Mrs. Cafferty held that there was something wrong somewhere, but whether the blame was to be allocated to the weather, the employer, the Government or the Deity, she did not know, nor did Mrs. Makebelieve know; but they were agreed that there was an error somewhere, a lack of adjustment with which they had nothing to do, but the effects whereof were grievously visible in their privations. Meantime it had become necessary that Mrs. Cafferty should adjust herself to a changing environment. A rise or fall in wages is automatically followed by a similar enlargement or shrinkage of one's necessities, and the consequent difference is registered at all points of one's life-contact. The physical and mental activities of a well-to-do person can reach out to a horizon, while those of very poor people are limited to their immediate, stagnant atmosphere, and so the lives of a vast portion of society are liable to a ceaseless change, a flux swinging from good to bad for ever, an expansion and constriction against which they have no safeguards and not even any warning. In free nature this problem is paralleled by the shrinking and expansion of the seasons; the summer with its wealth of food, the winter following after with its famine, but many wild creatures are able to make a thrifty provision against the bad time which they know comes as certainly and periodically as the good time. Bees and squirrels and many others fill their barns with the plentiful overplus of the summer fields, birds can migrate and find sunshine and sustenance elsewhere, and others again can store during their good season a life energy by means whereof they may sleep healthily through their hard times. These organizations can be adjusted to their environments because the changes of the latter are known and can be more or less accurately predicted from any point. But the human worker has no such regularity. His food period does not ebb and recur with the seasons. There is no periodicity in their changes and, therefore, no possibility for defensive or protective action. His physical structure uses and excretes energy so rapidly that he cannot store it up and go to sleep on his savings, and his harvests are usually so lean and disconnected that the exercise of thrift is equally an impossibility and a mockery. The life, therefore, of such a person is composed of a constant series of adjustments and readjustments, and the stern ability wherewith these changes are met and combated are more admirably ingenious than the much-praised virtues of ants and bees to which they are constantly directed as to exemplars.

Mrs. Cafferty had now less money than she had been used to, but she had still the same rent to pay, the same number of children to feed, and the same personal dignity to support as in her better days, and her problem was to make up, by some means to which she was a stranger, the money which had drifted beyond the reach of her husband. The methods by which she could do this were very much restricted. Children require an attention which occupies the entire of a mother's time, and, consequently, she was prevented from seeking abroad any mitigation of her hardships. The occupations which might be engaged in at home were closed to her by mere overwhelming competition. The number of women who are prepared to make ten million shirts for a penny is already far in excess of the demand, and so, except by a severe undercutting such as a contract to make twenty million shirts for a halfpenny, work of this description is very difficult to obtain.

Under these circumstances nothing remained for Mrs. Cafferty but to take in a lodger. This is a form of co-operation much practiced among the poorer people. The margin of direct profit accruing from such a venture is very small, but this is compensated for by the extra spending power achieved. A number of people pooling their money in this way can buy to greater advantage and in a cheaper market than is possible to the solitary purchaser, and a moderate toll for wear and tear and usage, or, as it is usually put, for rent and attendance, gives the small personal profit at which such services are reckoned.

Through the good offices of a neighboring shopkeeper Mrs. Cafferty had secured a lodger, and, with the courage which is never separate from despair, she had rented a small room beside her own. This room, by an amazing economy of construction, contained a fireplace and a window: it was about one square inch in diameter, and was undoubtedly a fine room. The lodger was to enter into possession on the following day, and Mrs. Cafferty said he was a very nice young man indeed and did not drink.

XXVI

Mrs. Cafferty's lodger duly arrived. He was young and as thin as a lath, and he moved with fury. He was seldom in the place at all: he fled into the house for his food, and, having eaten it, he fled away from the house again, and did not reappear until it was time to go to bed. What he did with himself in the interval Mrs. Cafferty did not know, but she was prepared to wager her soul, the value of which she believed was high, on the fact that he was a good young man who never gave the slightest trouble, saving that his bedclothes were always lying on the floor in the morning, that there was candle grease on one corner of his pillow, and that he cleaned his boots on a chair. But these were things which one expected a young man to do, and the omission of them might have caused one to look curiously at the creature and to doubt his masculinity.

Mrs. Makebelieve replied that habits of order and neatness were rarely to be found in young people of either sex; more especially were these absent in boys who are released in early youth by their mothers from all purely domestic employments. A great many people believed, and she believed herself, that it was not desirable a man or boy should conform too rigidly to household rules. She had observed that the comfort of a home was lost to many men if they were expected to take their boots off when they came into the house or to hang their hats up in a special place. The women of a household, being so constantly indoors, find it easy and businesslike to obey the small rules which comprise household legislation, but as the entire policy of a house was to make it habitable and comfortable for its men folk all domestic ordinances might be strained to the uttermost until the compromise was found to mollify even exceptional idiosyncrasies. A man, she held, bowed to quite sufficient discipline during his working hours, and his home should be a place free from every vexatious restraint and wherein he might enjoy as wide a liberty as was good for him.

These ideas were applauded by Mrs. Cafferty, and she supplemented them by a recital of how she managed her own husband, and of the ridiculous ease whereby any man may be governed; for she had observed that men were very susceptible to control if only the control was not too apparent. If a man did a thing twice, the doing of that thing became a habit and a passion, any interference with which provoked him to an unreasoning bull-like wrath wherein both wives and crockery were equally shattered; and, therefore, a woman had only to observe the personal habits of her beloved and fashion her restrictions according to that standard. This meant that men made the laws and women administered them—a wise allocation of prerogatives, for she conceived that the executive female function was every whit as important as the creative faculty which brought these laws into being. She was quite prepared to leave the creative powers in male hands if they would equally abstain from interference with the subsequent working details, for she was of opinion that in the pursuit of comfort (not entirely to their credit was it said) men were far more anxiously concerned than were women, and they flew to their bourne with an instinct for short cuts wherewith women were totally unacquainted.

But in the young man who had come to lodge with her Mrs. Cafferty discerned a being in whom virtue had concentrated to a degree that almost amounted to a congestion. He had instantly played with the children on their being presented to him: this was the sign of a good nature. Before he was acquainted with her ten minutes he had made four jokes: this was the sign of a pleasant nature; and he sang loudly and unceasingly when he awoke in the morning, which was the unfailing index to a happy nature. Moreover, he ate the meals provided for him without any of that particular, tedious examination which is so insulting, and had complimented Mrs. Cafferty on an ability to put a taste on food which she was pleased to obtain recognition of.

Both Mary and her mother remarked on these details with an admiration which was as much as either politeness or friendship could expect. Mrs. Makebelieve's solitary method of life had removed her so distantly from youth that information about a young man was almost tonic to her. She had never wished for a second husband, but had often fancied that a son would have been a wonderful joy to her. She considered that a house which had no young man growing up in it was not a house at all, and she believed that a boy would love his mother, if not more than a daughter could, at least with a difference which would be strangely sweet—a rash, impulsive, unquiet love: a love which would continually prove her love to the breaking point; a love that demanded, and demanded with careless assurance, that accepted her goodness as unquestioningly as she accepted the fertility of the earth, and used her knowing blindly and flatteringly how inexhaustively rich her depths were... She could have wept for this: it was priceless beyond kingdoms; the smile on a boy's face lifted her to an exaltation. Her girl was inexpressibly sweet, surely an island in her wide heart, but a little boy... her breasts could have filled with milk for him, him she could have nourished in the rocks and in desert places: he would have been life to her and adventure, a barrier against old age, an incantation against sorrow, a fragrance and a grief and a defiance...

It was quite plain that Mrs. Cafferty was satisfied with this addition to her household, but the profit which she had expected to accrue from his presence was not the liberal one she had in mind when making the preliminary arrangements. For it appeared that the young man had an appetite of which Mrs. Cafferty spoke with the respect proper to something colossal and awesome. A half-loaf did not more than break the back of a hunger which could wriggle disastrously over another half-loaf: so that, instead of being relieved by his advent, she was confronted by a more immediate and desolating bankruptcy than that from which she had attempted to escape. Exactly how to deal with this situation she did not know, and it was really in order to discuss her peculiar case that she had visited Mrs. Makebelieve. She could, of course, have approached the young man and demanded from him an increase of money that would still be equitable to both parties, but she confessed a repugnance to this course. She did not like to upbraid or trouble any one on account of an appetite which was so noteworthy. She disliked, in any event, to raise a question about food: her instinct for hospitality was outraged at the thought, and as she was herself the victim, or the owner, of an appetite which had often placed a strain on her revenues, a fellow-feeling operated still further in mitigation of his disqualification.

Mrs. Makebelieve's advice was that she should stifle the first fierce and indiscriminate cravings of the young man's hunger by a liberal allowance of stirabout, which was a cheap, wholesome and very satisfying food, and in that way his destruction of more costly victuals would be kept within reasonable limits. Appetite, she held, was largely a matter of youth, and as a boy who was scarcely done growing had no way of modifying his passion for nourishment, it would be a lapse from decency to insult him on so legitimate a failing.

Mrs. Cafferty thought that this might be done, and thanked her friend for the counsel; but Mary, listening to these political matters, conceived Mrs. Cafferty as a person who had no longer any claim to honor, and she pitied the young man whose appetite was thus publicly canvassed, and who might at any moment be turned out of house and home on account of a hunger against which he had no safeguard and no remedy.

XXVII

It was not long until Mary and Mrs. Cafferty's lodger met. As he came in by the hall-door one day Mary was carrying upstairs a large water-bucket, the portage of which two or three times a day is so heavy a strain on the dweller in tenements. The youth instantly seized the bucket, and despite her protestations and appeals, he carried it upstairs. He walked a few steps in advance of Mary, whistling cheerfully as he went, so she was able to get a good view of him. He was so thin that he nearly made her laugh, but he carried the bucket, the weight of which she had often bowed under, with an ease astonishing in so slight a man, and there was a spring in his walk which was pleasant to see. He laid the bucket down outside her room, and requested her urgently to knock at his door whenever she required more water fetched, because he would be only too delighted to do it for her, and it was not the slightest trouble in the world. While he spoke he was stealing glances at her face and Mary was stealing glances at his face, and when they caught one another doing this at the same moment they both looked hurriedly away, and the young man departed to his own place.

But Mary was very angry with this young man. She had gone downstairs in her house attire, which was not resplendent, and she objected to being discovered by any youth in raiment not suitable to such an occasion. She could not visualize herself speaking to a man unless she was adorned as for a festivity. The gentlemen and ladies of whom her mother sometimes spoke, and of whom she had often dreamt, were never mean in their habiliments. The gentlemen frequently had green silken jackets with a foam of lace at the wrists and a cascade of the same rich material brawling upon their breasts, and the ladies were attired in a magnificent scarcity of clothing, the fundamental principle whereof, although she was quite assured of its righteousness, she did not yet understand.

Indeed, at this period Mary's interest in dress far transcended any interest she had ever known before. She knew intimately the window contents of every costumier's shop in Grafton and Wicklow and Dawson streets, and could follow with intelligent amazement the apparently trifling, but exceedingly important, differences of line or seam or flounce which ranked one garment as a creation and its neighbor as a dress. She and her mother often discussed the gowns wherein the native dignity of their souls might be adequately caparisoned. Mrs. Makebelieve, with a humility which had still a trace of anger, admitted that the period when she could have been expressed in color had expired, and she decided that a black silk dress, with a heavy gold chain falling along the bosom, was as much as her soul was now entitled to. She had an impatience, amounting to contempt, for those florid flamboyant souls whose outer physical integument so grievously misrepresented them. She thought that after a certain time one should dress the body and not the soul, and, discovering an inseparability between the two, she held that the mean shrine must hold a very trifling deity and that an ill-made or time-worn body should never dress gloriously under pain of an accusation of hypocrisy or foolishness.

But for Mary she planned garments with a freedom and bravery which astonished while it delighted her daughter. She combined twenty styles into one style of terrifying originality. She conceived dresses of a complexity beyond the labor of any but a divinely inspired needle, and others again whose simplicity was almost too tenuous for human speech. She discussed robes whose trailing and voluminous richness could with difficulty be supported by ten strong attendants, and she had heard of a dress the fabric whereof was of such gossamer and ethereal insubstancy that it might be packed into a walnut more conveniently than an ordinary dress could be impressed into a portmanteau. Mary's exclamations of delight and longing ranged from every possible dress to every impossible one, and then Mrs. Makebelieve reviewed all the dresses she had worn from the age of three years to the present day, including wedding and mourning dresses, those which were worn at picnics and dances and for traveling, with an occasional divergence which comprehended the clothing of her friends and her enemies during the like period. She explained the basic principles of dress to her daughter, showing that in this art, as in all else, order cannot be dispensed with. There were things a tall person might wear, but which a short person might not, and the draperies which adorned a portly lady were but pitiable weeds when trailed by her attenuated sister. The effect of long thin lines in a fabric will make a short woman appear tall, while round, thick lines can reduce the altitude of people whose height is a trouble to be combated. She illustrated the usage of large and small checks and plaids and all the mazy interweaving of other cloths, and she elucidated the mystery of color, tone, half-tone, light and shade so interestingly that Mary could scarcely hear enough of her lore. She was acquainted with the colors which a dark person may wear and those which are suitable to a fair person, and the shades proper to be used by the wide class ranging between these extremes she knew also, with a special provision for red-haired and sandy folk and those who have no complexion at all. Certain laws which she formulated were cherished by her daughter as oracular utterances—that one should match one's eyes in the house and one's hair in the street, was one; that one's hat and gloves and shoes were of vastly more importance than all the rest of one's clothing, was another; that one's hair and stockings should tone as nearly as possible, was a third. Following these rules, she assured her daughter, a woman could never be other than well dressed, and all of these things Mary learned by heart and asked her mother to tell her more, which her mother was quite able and willing to do.

XXVIII

When the sexual instinct is aroused men and dogs and frogs and beetles, and such other creatures as are inside or outside of this catalogue, are very tenacious in the pursuit of their ambition. We can seldom get away from that which attracts or repels us. Love and hate are equally magnetic and compelling, and each, being supernormal, drags us willingly or woefully in their wake, until at last our blind persistency is either routed or appeased and we advance our lauds or gnash our teeth as the occasion bids us. There is no tragedy more woeful than the victory of hate, nor any attainment so hopelessly barren as the sterility of that achievement; for hate is finality, and finality is the greatest evil which can happen in a world of movement. Love is an inaugurator displaying his banners on captured peaks and pressing forever to a new and more gracious enterprise, but the victories of hate are gained in a ditch from which there is no horizon visible and whence there does not go even one limping courier.

After Mary fled from the embrace of the great policeman he came to think more closely of her than he had been used; but her image was throned now in anger: she came to him like a dull brightness wherefrom desolate thunder might roll at an instant. Indeed, she began to obsess him so that not even the ministrations of his aunt nor the obeisances of that pleasant girl, the name of whose boots was Fairybell, could give him any comfort or wean him from a contemplation which sprawled gloomily between him and his duties to the traffic. If he had not discovered the lowliness of her quality his course might have been simple and straightforward: the issue, in such an event, would have narrowed to every man's poser—whether he should marry this girl or that girl? but the arithmetic whereby such matters are elucidated would at the last have eased his perplexity, and the path indicated could have been followed with the fullest freedom on his part and without any disaster to his self-love. If, whichever way his inclination wavered, there was any pang of regret (and there was bound to be) such a feeling would be ultimately waived by his reason or retained as a memorial which had a gratifying savor. But the knowledge of Mary's social inferiority complicated matters, for, although this automatically put her out of the question as his wife, her subsequent ill-treatment of himself had injected a virus to his blood which was one-half a passion for her body and one-half a frenzy for vengeance. He could have let her go easily enough if she had not first let him go; for he read dismissal in her action and resented it as a trespass on his own just prerogative.—He had but to stretch out his hand and she would have dropped to it as tamely as a kitten, whereas now she eluded his hand, would, indeed, have nothing to do with it; and this could not be forgiven. He would gladly have beaten her into submission, for what right has a slip of a girl to withstand the advances of a man and a policeman? That is a crooked spirit demanding to be straightened with a truncheon: but as we cannot decently, or even peaceably, beat a girl until she is married to us he had to relinquish that dear idea. He would have dismissed her from his mind with the contempt she deserved, but, alas! he could not: she clung there like a burr not to be dislodged saving by possession or a beating—two shuddering alternatives—for she had become detestably dear to him. His senses and his self-esteem conspired to heave her to a pedestal where his eye strained upwards in bewilderment—that she who was below him could be above him! This was astounding: she must be pulled from her eminence and stamped back to her native depths by his own indignant hoofs; thence she might be gloriously lifted again with a calm, benignant, masculine hand shedding pardons and favors, and perhaps a mollifying unguent for her bruises. Bruises! a knee, an elbow—they were nothing; little damages which to kiss was to make well again. Will not women cherish a bruise that it may be medicined by male kisses? Nature and precedent have both sworn to it... But she was out of reach; his hand, high-flung as it might be, could not get to her. He went furiously to the Phoenix Park, to St. Stephen's Green, to outlying leafy spots and sheltered lanes, but she was in none of these places. He even prowled about the neighborhood of her home and could not meet her. Once he had seen Mary as she came along the road, and he drew back into a doorway. A young man was marching by her side, a young man who gabbled without ceasing and to whom Mary chattered again with an equal volubility. As they passed by Mary caught sight of him, and her face went flaming. She caught her companion's arm, and they hurried down the road at a great pace... She had never chattered to him. Always he had done the talking, and she had been an obedient grateful listener. Nor did he quarrel with her silence, but her reserve shocked him—it was a pretense—worse, a lie—a masked and hooded falsehood. She had surrendered to him willingly, and yet drew about her a protective armor of reserve wherein she skulked immune to the arms which were lawfully victorious. Is there, then, no loot for a conqueror? We demand the keys of the City Walls and unrestricted entry, or our torches shall blaze again. This chattering Mary was a girl whom he had never caught sight of at all. She had been hiding from him even in his presence. In every aspect she was an anger. But she could talk to the fellow with her... a skinny whipper-snapper, whom the breath of a man could shred into remote, eyeless vacuity. Was this man another insult? Did she not even wait to bury her dead? Pah! she was not value for his thought. A girl so lightly facile might be blown from here to there and she would scarcely notice the difference. Here and there were the same places to her, and him and him were the same person. A girl of that type comes to a bad end: he had seen it often, the type and the end, and never separate. Can one not prophesy from facts? He saw a slut in a slum, a drab hovering by a dark entry, and the vision cheered him mightily for one glowing minute and left him unoccupied for the next, into which she thronged with the flutter of wings and the sound of a great mocking.

His aunt tracked his brows back to the responsible duties of his employment and commiserated with him, and made a lamentation about matters with which he never had been occupied, so that the last tag of his good manners departed from him, and he damned her unswervingly into consternation. That other pleasant girl, whose sweetness he had not so much tasted as sampled, had taken to brooding in his presence: she sometimes drooped an eye upon him like a question... Let her look out or maybe he'd blaze into her teeth: howl menace down her throat until she swooned. Some one should yield to him a visible and tangible agony to balance his. Does law probe no deeper than the pillage of a watch? Can one filch our self-respect and escape free? Shall not our souls also sue for damages against its aggressor? Some person rich enough must pay for his lacerations or there was less justice in heaven than in the Police Courts; and it might be that girl's lot to expiate the sins of Mary. It would be a pleasure, if a sour one, to make somebody wriggle as he had, and somebody should wriggle; of that he was blackly determined.

XXIX

Indeed, Mrs. Cafferty's lodger and Mary had become quite intimate, and it was not through the machinations of either that this had happened. Ever since Mrs. Makebelieve had heard of that young man's appetite and the miseries through which he had to follow it, she had been deeply concerned on his behalf. She declined to believe that the boy ever got sufficient to eat, and she enlarged to her daughter on the seriousness of this privation to a young man. Disabilities, such as a young girl could not comprehend, followed in the train of insufficient nourishment. Mrs. Cafferty was her friend, and was, moreover, a good decent woman against whom the tongue of rumor might wag in vain; but Mrs. Cafferty was the mother of six children and her natural kindliness dared not expand to their detriment. Furthermore, the fact of her husband being out of work tended to still further circumscribe the limits of her generosity. She divined a lean pot in the Cafferty household, and she saw the young man getting only as much food as Mrs. Cafferty dared to give him, so that the pangs of his hunger almost gnawed at her own vitals. Under these circumstances she had sought for an opportunity to become better acquainted with him, and had very easily succeeded;

so when Mary found him seated on their bed and eating violently of their half-loaf if she was astonished at first she was also very glad. Her mother watched the demolition of their food with a calm happiness, for although the amount she could contribute was small, every little helped, and not alone were his wants assisted, but her friend, Mrs. Cafferty, and her children were also aided by this dulling of an appetite which might have endangered their household peace.

The young man repaid their hospitality by an easy generosity of speech covering affairs which neither Mrs. Makebelieve nor her daughter had many opportunities for studying. He spoke of those very interesting matters with which a young man is concerned, and his speculations on various subjects, while often quite ignorant, were sufficiently vivid to be interesting and were wrong in a boyish fashion which was not unpleasant. He was very argumentative, but was still open to reason; therefore, Mrs. Makebelieve had opportunities for discussion which were seldom granted to her. Insensibly she adopted the position of guide, philosopher and friend to him, and Mary also found new interests in speech, for although the young man thought very differently from her, he did think upon her own plane, and the things which secretly engrossed him were also the things wherewith she was deeply preoccupied. A community of ignorances may be as binding as a community of interests. We have a dull suspicion of that him or her who knows more than we do, but the person who is prepared to go out adventuring with us, with surmise only for a chart and enjoyment for a guide, may use our hand as his own and our pockets as his treasury.

As the young man had no more shyness than a cat, it soon fell out that he and Mary took their evening walks together. He was a clerk in a large retail establishment, and had many things to tell Mary which were of great interest to both of them. For in his place of business he had both friends and enemies of whom he was able to speak with the fluency which was their due. Mary knew, for instance, that the chief was bald but decent (she could not believe that the connection was natural), and that the second in command had neither virtues nor whiskers. (She saw him as a codfish with a malignant eye.) He epitomized the vices which belonged in detail to the world, but were peculiar to himself in bulk. (He must be hairy in that event.) Language, even the young man's, could not describe him adequately. (He ate boys for breakfast and girls for tea.) With this person the young man was in eternal conflict (a bear with little ears and big teeth); not open conflict, for that would have meant instant dismissal (not hairy at all—a long slimy eel with a lot of sense), but a veiled unremitting warfare which occupied all their spare attention. The young man knew for an actual fact that some day he would be compelled to hit that chap, and it would be a sorry day for the fellow, because his ability to hit was startling. He told Mary of the evil results which had followed some of his blows, and Mary's incredulity was only heightened by a display of the young man's muscles. She extolled these because she thought it was her duty to do so, but preserved some doubts of their unique destructiveness. Once she asked him could he fight a policeman, and he assured her that policemen are not able to fight at all singly, but only in squads, when their warfare is callous and ugly and conducted mainly with their boots; so that decent people have no respect for their fighting qualities or their private characters. He assured her that not only could he fight a policeman, but he could also tyrannize over the seed, breed and generation of such a one, and, moreover, he could accomplish this without real exertion. Against all policemen and soldiers the young man professed an eager hostility, and with these bad people he included landlords and many employers of labor. His denunciation of these folk might be traced back to the belief that none of them treated one fairly. A policeman, he averred, would arrest a man for next door to nothing, and any resistance offered to their spleen rendered the unfortunate prisoner liable to be manhandled in his cell until their outraged dignity was appeased. The three capital crimes upon which a man is liable to arrest is for being drunk, or disorderly, or for refusing to fight, and to these perils a young man is peculiarly susceptible and is, to that extent, interested in the Force, and critical of their behavior. The sight of a soldier annoyed him, for he saw a conqueror, trampling vaingloriously through the capital of his country, and the inability of his land to eject the braggart astonished and mortified him. Landlords had no bowels of compassion. There was no kindliness of heart among them, nor any wish to assist those whose whole existence was engaged on their behalf. He saw them as lazy unproductive gluttons who cried forever "Give, give," and who gave nothing in return but an increased insolent tyranny. Many employers came into the same black category. They were people who had disowned all duty to humanity, and who saw in themselves the beginning and the end of all things. They gratified their acquisitiveness not in order that they might become benefactors of their kind (the only righteous freedom of which we know), but merely to indulge a petty exercise of power and to attain that approval which is granted to wealth and the giving of which is the great foolishness of mankind. These people used their helpers and threw them away, they exploited and bought and sold their fellow-men while their arrogant self-assurance and the monstrous power which they had gathered for their security shocked him like a thing unbelievable in spite of its reality. That such things could be fretted him into clamor.

He wanted to point them out to all people. He saw his neighbors' ears clogged, and he was prepared to die howling if only he could pierce those encrusted auditories. That what was so simple to him should not be understood by everybody! He could see plainly and others could not, although their eyes looked straightly forward and veritably rolled with intent and consciousness! Did their eyes and ears and brains act differently to his, or was he a singular monster cursed from his birth with madness? At times he was prepared to let humanity and Ireland go to the devil their own way, he being well assured that without him they were bound quickly for deep perdition. Of Ireland he sometimes spoke with a fervor of passion which would be outrageous if addressed to a woman. Surely he saw her as a woman, queenly and distressed and very proud. He was physically anguished for her, and the man who loved her was the very brother of his bones. There were some words the effect of which were almost hypnotic on him–The Isle of the Blest, The Little Dark Rose, The Poor Old Woman and Caitlin the Daughter of Holohan. The mere repetition of these phrases lifted him to an ecstasy; they had hidden, magical meanings which pricked deeply to his heartstrings and thrilled him to a tempest of pity and love. He yearned to do deeds of valor, violent, grandiose feats which would redound to her credit and make the name of Irishmen synonymous with either greatness or singularity: for, as yet, the distinction between these words was no more clear to him than it is to any other young man who reads violence as heroism and eccentricity as genius. Of England he spoke with something like stupefaction–as a child cowering in a dark wood tells of the ogre who has slain his father and carried his mother away to a drear captivity in his castle built of bones–so he spoke of England. He saw an Englishman stalking hideously forward with a princess tucked under each arm, while their brothers and their knights were netted in enchantment and slept heedless of the wrongs done to their ladies and of the defacement of their shields... "Alas, alas and alas, for the once-proud people of Banba!"

XXX

Mrs. Makebelieve was astonished when the policeman knocked at her door. A knock at her door was a rare sound, for many years had gone by since any one had come to visit her. Of late Mrs. Cafferty often came to talk to her, but she never knocked: she usually shouted, "Can I come in?" and then she came in. But this was a ceremonious knock which startled her, and the spectacle of the great man bending through the doorway almost stopped her breath. Mary also was so shocked into terror that she stood still, forgetful of all good manners, and stared at the visitor open-eyed. She knew and did not know what he had come for; but that, in some way, his appearance related to her she was instantly assured, although she could not even dimly guess at a closer explanation of his visit. His eyes stayed on her for an instant and then passed to her mother, and, following her rather tremulous invitation, he came into the room. There was no chair to sit on, so Mrs. Makebelieve requested him to sit down on the bed, which he did. She fancied he had come on some errand from Mrs. O'Connor, and was inclined to be angry at a visit which she construed as an intrusion, so, when he was seated, she waited to hear what he might have to say.

Even to her it was evident that the big man was perplexed and abashed; his hat was in his way and so were his hands, and when he spoke his voice was so husky as to be distressful. On Mary, who had withdrawn to the very end of the room, this discomfort of speech had a peculiar effect: the unsteady voice touched her breast to a kindred fluttering, and her throat grew parched and so irritated that a violent fit of coughing could not be restrained, and this, with the nervousness and alarm which his appearance had thronged upon her, drove her to a very fever of distress. But she could not take her eyes away from him, and she wondered and was afraid of what he might say. She knew there were a great many things he might discuss which she would be loath to hear in her mother's presence, and which her mother would not be gratified to hear either.

He spoke for a few moments about the weather, and Mrs. Makebelieve hearkened to his remarks with a perplexity which she made no effort to conceal. She was quite certain he had not called to speak about the weather, and she was prepared to tell him so if a suitable opportunity should occur. She was also satisfied that he had not come on a formal, friendly visit—the memory of her last interview with him forbade such a conjecture, for on that occasion politeness had been deposed from her throne and acrimony had reigned in her stead. If his aunt had desired him to undertake an embassy to her he would surely have delivered his message without preamble, and would not have been thrown by so trifling a duty into the state of agitation in which he was. It was obvious, therefore, that he had not come with a message relating to her work. Something of fear touched Mrs. Makebelieve as she looked at him, and her voice had an uneasy note when she requested to know what she could do for him.

The policeman suddenly, with the gesture of one throwing away anchors, plunged into the heart of his matter, and as he spoke the look on Mrs. Makebelieve's face changed quickly from bewilderment to curiosity and dulled again to a blank amazement. After the first few sentences she half turned to Mary, but an obscure shame prevented her from searching out her daughter's eyes. It was borne quickly and painfully to her that Mary had not treated her fairly: there was a secret here with which a mother ought to have been trusted, and one which she could not believe Mary would have withheld from her; and so, gauging her child's feelings by her own, she steadfastly refused to look at her lest the shocked surprise in her eyes might lacerate the girl she loved, and who she knew must at the instant be in a sufficient agony–Undoubtedly the man was suggesting that he wanted to marry her daughter, and the unexpectedness of such a proposal left her mentally gaping; but that there must have been some preliminaries of meeting and courtship became obvious to her. Mary also listened to his remarks in a stupor. Was there no possibility at all of getting away from the man? A tenacity such as this seemed to her malignant. She had the feeling of one being pursued by some relentless and unscrupulous hunter. She heard him speaking through a cloud, and the only things really clear to her were the thoughts which she knew her mother must be thinking. She was frightened and ashamed, and the sullenness which is the refuge of most young people descended upon her like a darkness. Her face grew heavy and vacant, and she stared in front of her in the attitude of one who had nothing to do with what was passing. She did not believe altogether that he was in earnest: her immediate discomfort showed him as one who was merely seeking to get her into trouble with her mother in order to gratify an impotent rage. Twice or three times she flamed suddenly, went tiptoe to run from the room. A flash, and she would be gone from the place, down the stairs, into the streets and away anywhere, and she tingled with the very speed of her vision; but she knew that one word from her mother would halt her like a barrier, and she hated the thought that he should be a witness to her obedience.

While he was speaking he did not look at Mary. He told Mrs. Makebelieve that he loved her daughter very much, and he begged her permission and favor for his suit. He gave her to understand that he and Mary had many opportunities of becoming acquainted, and were at one in this desire for matrimony–To Mrs. Makebelieve's mind there recurred a conversation which she had once held with her daughter, when Mary was curious to know if a policeman was a desirable person for a girl to marry. She saw this question now, not as being prompted by a laudable, an almost scientific curiosity, but as the interested, sly speculation of a schemer hideously accomplished in deceit. Mary could see that memory flitting back through her mother's brain, and it tormented her. Nor was her mother at ease–there was no chair to sit upon, she had to stand and listen to all this while he spoke, more or less at his ease, from the bed. If she also had been sitting down she might have been mistress of her thoughts and able to deal naturally with the situation; but an easy pose is difficult when standing: her hands would fold in front of her and the school-girl attitude annoyed and restrained her. Also, the man appeared to be in earnest in what he said. His words at the least and the intention which drove them seemed honorable. She could not give rein to her feelings without lapsing to a barbarity which she might not justify to herself even in anger and might, indeed, blush to remember. Perhaps his chief disqualification consisted in a relationship to Mrs. O'Connor for which he could not justly be held to blame, and for which she sincerely pitied him. But this certainly was a disqualification never to be redeemed. He might leave his work, or his religion, or his country, but he could never quit his aunt, because he carried her with him under his skin; he was her with additions, and at times Mrs. Makebelieve could see Mrs. O'Connor looking cautiously at her through the policeman's eyes; a turn of his forehead and she was there like a thin wraith that vanished and appeared again. The man was spoiled for her. He did not altogether lack sense, and the fact that he wished to marry her daughter showed that he was not so utterly beyond the reach of redemption as she had fancied.

Meanwhile, he had finished his statement as regarded the affection which he bore to her daughter and the suitability of their temperaments, and had hurled himself into an explanation of his worldly affairs, comprising his salary as a policeman, the possibility of promotion and the increased emoluments which would follow it, and the certain pension which would sustain his age. There were, furthermore, his parents, from whose decease he would reap certain monetary increments, and the deaths of other relatives from which an additional enlargement of his revenues might reasonably be expected. Indeed, he had not desired to speak of these matters at all, but the stony demeanor of Mrs. Makebelieve and the sullen aloofness of her daughter forced him, however reluctantly, to draw even ignoble weapons from his armory. He had not conceived they would be so obdurate: he had, in fact, imagined that the elder woman must be flattered by his offer to marry her daughter, and when no evidence to support this was forthcoming he was driven to appeal to the cupidity which he believed occupies the heart of every middle-aged, hard-worked woman. But these statements also were received with a dreadful composure. He could have smashed Mrs. Makebelieve where she stood. Now and again his body strained to a wild, physical outburst, a passionate, red fury that would have terrified these women to their knees, while he roared their screams into thin whimpers as a man should. He did not even dare to stop speaking, and his efforts at an easy, good-humored, half-careless presentation of his case was bitterly painful to him as it was to his auditors. The fact that they were both standing up unnerved him also—the pleasant equality which should have formed the atmosphere of such an interview was destroyed from the first moment, and, having once sat down, he did not like to stand up again. He felt glued to the bed on which he sat, and he felt also that if he stood up the tension in the room would so relax that Mrs. Makebelieve would at once break out into speech sarcastic and final, or her daughter might scream reproaches and disclaimers of an equal finality. At her he did not dare to look, but the corner of his eye could see her shape stiffened against the fireplace, an attitude so different from the pliable contours to which he was accustomed in her as almost to be repellant. He would have thanked God to find himself outside the room, but how to get out of it he did not know: his self-esteem forbade anything like a retreat without honor, his nervousness did not permit him to move at all, the anger which prickled the surface of his body and mind was held in check only by an instinct of fear as to what he might do if he moved, and so, with dreadful jocularity, he commenced to speak of himself, his personal character, his sobriety and steadiness—of all those safe negations on which many women place reliance he spoke, and also of certain small vices which he magnified merely for the sake of talking, such as smoking, an odd glass of porter and the shilling which, now and again, he had ventured upon a race horse.

Mary listened to him for a while with angry intentness. The fact that she was the subject of his extraordinary discourse quickened at the first all her apprehensions. Had the matter been less important she would have been glad to look at herself in this strange position, and to savor, with as much detachment as was possible, the whole spirit of the adventure. But when she heard him, as she put it, "telling on her," laying bare to her mother all the walks they had taken together, visits to restaurants and rambles through the streets and the parks, what he had said to her on this occasion and on that, and her remarks on such and such a matter, she could not visualize him save as a malignant and uncultivated person; and when he tacitly suggested that she was as eager for matrimony as he was, and so put upon her the horrible onus of rejecting him before a second person, she closed her mind and her ears against him. She refused to listen, although her perceptions admitted the trend of his speech. His words droned heavily and monotonously to her as through dull banks of fog. She made up her mind that if she were asked any questions by either of them she would not reply, and that she would not look at either of them, and then she thought that she would snap and stamp her feet and say that she hated him, that he had looked down on her because she worked for his aunt, that he had meanly been ashamed of and cut her because she was poor, that he had been going with another girl all the time he was going with her, and that he only pursued her in order to annoy her, that she didn't love him, that she didn't even like him—that, in fact, she disliked him heartily. She wished to say all these things in one whirling outcry, but feared that before she had rightly begun she might become abashed, or, worse, might burst into tears and lose all the dignity which she meant to preserve in his presence for the purpose of showing to him in the best light exactly what he was losing.

But the big man had come to the end of his speech. He made a few attempts to begin anew on the desirability of such a union for both of them, and the happiness it would give him if Mrs. Makebelieve would come to live with them when they were married. He refused to let it appear that there was any doubt as to Mary's attitude in the matter, for up to the moment he came to their door he had not doubted her willingness himself. Her late avoidance of him he had put down to mere feminine tactics which leads on by holding off. The unwilling person he had been assured was himself—he stooped to her, and it was only after a severe battle that he had been able to do it. The astonishment and disapproval of his relatives and friends at such a step was very evident to him, for to a man of his position and figure girls were cheap creatures, the best of them to be had for the mere asking. Therefore, the fact that this girl could be seriously rejecting his offer of marriage came upon him like red astonishment. He had no more to say, however, and he blundered and fumbled into silence.

For a moment or two the little room was so still that the quietness seemed to hum and buzz like an eternity. Then, with a sigh, Mrs. Makebelieve spoke.

"I don't know at all," said she, "why you should speak to me about this, for neither my daughter nor yourself have ever even hinted to me before that you were courting one another. Why Mary should keep such a secret from her own mother I don't know. Maybe I've been cruel and frightened her, although I don't remember doing anything that she could have against me of that sort: or, maybe, she didn't think I was wise enough to advise her about a particular thing like her marriage, for, God knows, old women are foolish enough in their notions, or else they wouldn't be slaving and grinding for the sake of their children the way they do be doing year in and year out, every day in the week, and every hour of the day. It isn't any wonder at all that a child would be a liar and a sleeveen and a trampler of the roads with the first man that nods to her when her mother is a foolish person that she can't trust. Of course, I wouldn't be looking for a gentleman like yourself to mention the matter to me when I might be scrubbing out your aunt's kitchen or her hall-door maybe, and you sitting in the parlor with the company. Sure, I'm only an old charwoman, and what does it matter at all what I'd be thinking, or whether I'd be agreeing or not to anything? Don't I get my wages for my work, and what more does anybody want in the world? As for me going to live with you when you are married—it was kind of you to ask me that; but it's not the sort of thing I'm likely to do, for if I didn't care for you as a stranger I'm not going to like you any better as my daughter's husband. You'll excuse me saying one thing, Sir, but while we are talking we may as well be talking out, and it's this—that I never did like you, and I never will like you, and I'd sooner see my daughter married to any one at all than to yourself. But, sure, I needn't be talking about it; isn't it Mary's business altogether, and she'll be settling it with you nicely I don't doubt. She's a practiced hand now at arranging things, like you are yourself, and it will do me good to be learning something from her."

Mrs. Makebelieve took a cloth in her hand and walked over to the fireplace, which she commenced to polish.

The big man looked at Mary. It was incumbent on him to say something. Twice he attempted to speak, and each time, on finding himself about to say something regarding the weather, he stopped. Mary did not look at him; her eyes were fixed stubbornly on a part of the wall well away from his neighborhood, and it seemed to him that she had made a vow to herself never to look at him again. But the utter silence of the room was unbearable. He knew that he ought to get up and go out, but he could not bring himself to do so. His self-love, his very physical strength, rebelled against so tame a surrender. One thought he gathered in from swaying vacuity—that the timid little creature whom he had patronized would not find the harsh courage to refuse him point-blank if he charged her straightly with the question, and so he again assayed speech.

"Your mother is angry with us, Mary," said he, "and I suppose she has good right to be angry; but the reason I did not speak to her before, as I admit I should have if I had done the right thing, was that I had very few chances of meeting her, and never did meet her without some other person being there at the same time. I suppose the reason you did not say anything was that you wanted to be quite sure of yourself and of me too before you mentioned it. We have both done the wrong thing in not being open, but maybe your mother will forgive us when she knows we had no intention of hurting her, or of doing anything behind her back. Your mother seems to hate me: I don't know why, because she hardly knows me at all, and I've never done her any harm or said a word against her. Perhaps when she knows me as well as you do she'll change her mind: but you know I love you better than any one else, and that I'd do anything I could to please you and be a good husband to you. What I want to ask you before your mother is,—will you marry me?"

Mary made no reply. She did not look or give the slightest sign that she had heard. But now it was that she did not dare to look at him. The spectacle of this big man badgered by her and by her mother, pleading to her, and pleading, as he and she well knew, hopelessly, would have broken her heart if she looked at him. She had to admire the good masculine fight he made of it. Even his tricks of word and tactic, which she instantly divined, moved her almost to tears; but she feared terribly that if she met his gaze she might not be able to resist his huge helplessness, and that she might be compelled to do whatever he begged of her even in despite of her own wishes.

The interval which followed his question weighed heavily upon them all. It was only broken by Mrs. Makebelieve, who began to hum a song as she polished the fire-grate. She meant to show her careless detachment from the whole matter, but in the face of Mary's silence she could not keep it up. After a few moments she moved around and said:—

"Why don't you answer the gentleman, Mary?"

Mary turned and looked at her, and the tears which she had resisted so long swam in her eyes: although she could keep her features composed she had no further command over her tears.

"I'll answer whatever you ask me, mother," she whispered.

"Then, tell the gentleman whether you will marry him or not."

"I don't want to marry any one at all," said Mary.

"You are not asked to marry any one, darling," said Mrs. Makebelieve, "but some one—this gentleman here whose name I don't happen to know. Do you know his name?"

"No," said Mary.

"My name..." began the policeman.

"It doesn't matter, Sir," said Mrs. Makebelieve. "Do you want to marry this gentleman, Mary?"

"No," whispered Mary.

"Are you in love with him?"

Mary turned completely away from him.

"No," she whispered again.

"Do you think you ever will be in love with him?"

She felt as a rat might when hunted to a corner. But the end must be very near; this could not last forever because nothing can. Her lips were parched, her eyes were burning. She wanted to lie down and go asleep and waken again laughing to say—"it was a dream."

Her reply was almost inaudible. "No," she said.

"You are quite sure? It is always better to be quite sure."

She did not answer any more, but the faint droop of her head gave the reply her mother needed.

"You see, Sir," said Mrs. Makebelieve, "that you were mistaken in your opinion. My daughter is not old enough yet to be thinking of marriage and such like. Children do be thoughtless. I am sorry for all the trouble she has given you, and"—a sudden compunction stirred her, for the man was standing up now, and there was no trace of Mrs. O'Connor visible in him: his face was as massive and harsh as a piece of wall. "Don't you be thinking too badly of us now," said Mrs. Makebelieve with some agitation; "the child is too young altogether to be asking her to marry. Maybe in a year or two—I said things, I know, but I was vexed, and..."

The big man nodded his head and marched out.

Mary ran to her mother moaning like a sick person, but Mrs. Makebelieve did not look at her. She lay down on the bed and turned her face to the wall, and she did not speak to Mary for a long time.

XXXI

When the young man who lodged with Mrs. Cafferty came in on the following day he presented a deplorable appearance. His clothes were torn and his face had several large strips of sticking-plaster on it, but he seemed to be in a mood of extraordinary happiness notwithstanding, and proclaimed that he had participated in the one really great fight of his life-time, that he wasn't injured at all, and that he wouldn't have missed it for a pension.

Mrs. Cafferty was wild with indignation, and marched him into Mrs. Makebelieve's room, where he had to again tell his story and have his injuries inspected and commiserated. Even Mr. Cafferty came into the room on this occasion. He was a large, slow man dressed very comfortably in a red beard—his beard was so red and so persistent that it quite overshadowed the rest of his wrappings and did, indeed, seem to clothe him. As he stood the six children walked in and out of his legs, and stood on his feet in their proper turns without causing him any apparent discomfort. During the young man's recital Mr. Cafferty every now and then solemnly and powerfully smote his left hand with his right fist, and requested that the aggressor should be produced to him.

The young man said that as he was coming home the biggest man in the world walked up to him. He had never set eyes on the man before in his life, and thought at first he wanted to borrow a match or ask the way to somewhere, or something like that, and, accordingly, he halted; but the big man gripped him by the shoulder and said "You damned young whelp," and then he laughed and hit him a tremendous blow with his other hand. He twisted himself free at that, and said "What's that for?" and then the big man made another desperate clout at him. A fellow wasn't going to stand that kind of thing, so he let out at him with his left and then jumped in with two short-arm jabs that must have tickled the chap; that fellow didn't have it all his own way anyhow... The young man exhibited his knuckles, which were skinned and bleeding, as evidence of some exchange; but, he averred, you might as well be punching a sack of coal as that man's face. In another minute they both slipped and rolled over and over in the road, hitting and kicking as they sprawled: then a crowd of people ran forward and pulled them asunder. When they were separated he saw the big man lift his fist, and the person who was holding him ducked suddenly and ran for his life: the other folk got out of the way too, and the big man walked over to where he stood and stared into his face. His jaw was stuck out like the seat of a chair and his moustache was like a bristle of barbed wire. The young man said to him, "What the hell's wrong with you to go bashing a man for nothing at all?" and all of a sudden the big fellow turned and walked away. It was a grand fight altogether, said the youth, but the other man was a mile and a half too big for him.

As this story proceeded Mrs. Makebelieve looked once or twice at her daughter. Mary's face had gone very pale, and she nodded back a confirmation of her mother's conjecture; but it did not seem necessary or wise to either of them that they should explain their thoughts. The young man did not require either condolences or revenge. He was well pleased at an opportunity to measure his hardihood against a worthy opponent. He had found that his courage exceeded his strength, as it always should, for how could we face the gods and demons of existence if our puny arms were not backed up by our invincible eyes? and he displayed his contentment at the issue as one does a banner emblazoned with merits. Mrs. Makebelieve understood also that the big man's action was merely his energetic surrender, as of one who, instead of tendering his sword courteously to the victor, hurls it at him with a malediction; and that in assaulting their friend he was bidding them farewell as heartily and impressively as he was able. So they fed the young man and extolled him, applauding to the shrill winding of his trumpet until he glowed again in the full satisfaction of heroism.

He and Mary did not discontinue their evening walks. Of these Mrs. Makebelieve was fully cognizant, and, although she did not remark on the fact, she had been observing the growth of their intimacy with a care which was one part approval and one part pain; for it was very evident to her that her daughter was no longer a child to be controlled and directed by authority. Her little girl was a big girl; she had grown up and was eager to undertake the business of life on her own behalf. But the period of Mrs. Makebelieve's motherhood had drawn to a close, and her arms were empty. She was too used now to being a mother to relinquish easily the prerogatives of that status, and her discontent had this justification and assistance that it could be put into definite words, fronted and approved or rejected as reason urged. By knowledge and thought we will look through a stone wall if we look long enough, for we see less through eyes than through Time. Time is the clarifying perspective whereby myopia of any kind is adjusted, and a thought emerges in its field as visibly as a tree does in nature's. Mrs. Makebelieve saw seventeen years' apprenticeship to maternity cancelled automatically without an explanation or a courtesy, and for a little time her world was in ruins, the ashes of existence powdered her hair and her forehead. Then she discovered that the debris was valuable in known currency; the dust was golden: her love remained to her undisturbed and unlikely to be disturbed by whatever event. And she discovered further that parentage is neither a game nor a privilege but a duty; it is, astounding thought, the care of the young until the young can take care of itself. It was for this freedom only that her elaborate care had been necessary; her bud had blossomed and she could add no more to its bloom or fragrance. Nothing had happened that was not natural, and whoso opposes his brow against that imperious urgency is thereby renouncing his kind and claiming a kinship with the wild boar and the goat, which they, too, may repudiate with leaden foreheads. There remained also the common human equality, not alone of blood, but of sex also, which might be fostered and grow to an intimacy more dear and enduring, more lovely and loving than the necessarily one-sided devotions of parentage. Her duties in that relationship having been performed, it was her daughter's turn to take up hers and prove her rearing by repaying to her mother the conscious love which intelligence and a good heart dictates. This given, Mrs. Makebelieve could smile happily again, for her arms would be empty only for a little time. The continuity of nature does not fail saving for extraordinary instances. She sees to it that a breast and an arm shall not very long be unoccupied, and, consequently, as Mrs. Makebelieve sat contemplating that futurity which is nothing more than a prolongation of experience she could smile contentedly, for all was very well.

XXXII

If the unexpected did not often happen life would be a logical, scientific progression which might become dispirited and repudiate its goal for very boredom, but nature has cunningly diversified the methods whereby she coaxes or coerces us to prosecute, not our own, but her own adventure. Beyond every corner there may be a tavern or a church wherein both the saint and the sinner may be entrapped and remolded. Beyond the skyline you may find a dynamite cartridge, a drunken tinker, a mad dog, or a shilling which some person has dropped; and any one of these unexpectednesses may be potent to urge the traveler down a side street and put a crook in the straight line which had been his life, and to which he had become miserably reconciled. The element of surprise being, accordingly, one of the commonest things in the world we ought not to be hypercritical in our review of singularities, or say—"These things do not happen,"—because it is indisputable that they do happen. That combination which comprises a dark night, a highwayman armed and hatted to the teeth, and myself, may be a purely fortuitous one, but will such a criticism bring any comfort to the highwayman? And the concourse of three benevolent millionaires with the person to whom poverty can do no more is so pleasant and possible that I marvel it does not occur more frequently. I am prepared to believe on the very lightest assurance that these things do happen, but are hushed up for reasons which would be cogent enough if they were available.

Mrs. Makebelieve opened the letter which the evening's post had brought to her. She had pondered well before opening it, and had discussed with her daughter all the possible people who could have written it. The envelope was long and narrow, it was addressed in a swift emphatic hand, the tail of the letter M enjoying a career distinguished beyond any of its fellows by length and beauty. The envelope, moreover, was sealed by a brilliant red lion with jagged whiskers and a simper, who threatened the person daring to open a missive not addressed to him with the vengeance of a battle-axe which was balanced lightly but truculently on his right claw.

This envelope contained several documents purporting to be copies of extraordinary originals, and amongst them a letter which was read by Mrs. Makebelieve more than ten thousand times or ever she went to bed that night. It related that more than two years previously one Patrick Joseph Brady had departed this life, and that his will, dated from a multitudinous address in New York, devised and bequeathed to his dearly beloved sister Mary Eileen Makebelieve, otherwise Brady, the following shares and securities for shares, to wit... and the thereinafter mentioned houses and messuages, lands, tenements, hereditaments and premises, that was to say... and all household furniture, books, pictures, prints, plate, linen, glass and objects of vertu, carriages, wines, liquors and all consumable stores and effects whatsoever then in the house so and so, and all money then in the Bank and thereafter to accrue due upon the thereinbefore mentioned stocks, funds, shares and securities...

Mrs. Makebelieve wept and besought God not to make a fool of a woman who was not only poor but old. The letter requested her to call on the following day, or at her earliest convenience, to "the above address," and desired that she should bring with her such letters or other documents as would establish her relationship to the deceased and assist in extracting the necessary Grant of Probate to the said Will, and it was subscribed by Messrs. Platitude & Glambe, Solicitors, Commissioners for Oaths and Protectors of the Poor.

To the Chambers of these gentlemen Mrs. Makebelieve and Mary repaired on the following day, and, having produced the letters and other documents for inspection, the philanthropists, Platitude and Glambe, professed themselves to be entirely satisfied as to their bona fides, and exhibited an eagerness to be of immediate service to the ladies in whatever capacity might be conceived. Mrs. Makebelieve instantly invoked the Pragmatic Sanction; she put the entire matter to the touchstone of absolute verity by demanding an advance of fifty pounds. Her mind reeled as she said the astounding amount, but her voice did not. A check was signed and a clerk dispatched, who returned with eight five-pound notes and ten sovereigns of massy gold. Mrs. Makebelieve secreted these, and went home marveling to find that she was yet alive. No trams ran over her. The motor cars pursued her, and were evaded. She put her hope in God, and explained so breathlessly to the furious street. One cyclist who took corners on trust she cursed by the Ineffable Name, but instantly withdrew the malediction for luck, and addressed his dwindling back with an eye of misery and a voice of benediction. For a little time neither she nor her daughter spoke of the change in their fortunes saving in terms of allusion; they feared that, notwithstanding their trust, God might hear and shatter them with His rolling laughter.

They went out again that day furtively and feverishly and bought...

But on the following morning Mrs. Makebelieve returned again to her labor. She intended finishing her week's work with Mrs. O'Connor (it might not last for a week). She wished to observe that lady with the exact particularity, the singleness of eye, the true, candid, critical scrutiny which had hitherto been impossible to her. It was, she said to Mary, just possible that Mrs. O'Connor might make some remarks about soap. It was possible that the lady might advance theories as to how this or that particular kind of labor ought to be conducted... Mrs. Makebelieve's black eye shone upon her child with a calm peace, a benevolent happiness rare indeed to human regard.

In the evening of that day Mary and the young man who lodged with their neighbor went out for the walk which had become customary with them. The young man had been fed with an amplitude which he had never known before, so that not even the remotest slim thread, shred, hint, echo or memory of hunger remained with him: he tried but could not make a dint in himself anywhere, and, consequently, he was as sad as only a well-fed person can be. Now that his hunger was gone he deemed that all else was gone also. His hunger, his sweetheart, his hopes, his good looks (for his injuries had matured to the ripe purple of the perfect bruise) all were gone, gone, gone. He told it to Mary, but she did not listen to him; to the rolling sky he announced it and it paid no heed. He walked beside Mary at last in silence, listening to her plans and caprices, the things she would do and buy, the people to whom gifts should be made and the species of gift uniquely suitable to this person and to that person, the people to whom money might be given and the amounts, and the methods whereby such largesse could be distributed. Hats were mentioned and dresses, and the new house somewhere—a space-embracing-somewhere, beyond surmise, beyond geography. They walked onwards for a long time, so long that at last a familiar feeling stole upon the youth. The word "food" seemed suddenly a topic worthy of the most spirited conversation. His spirits arose. He was no longer solid, space belonged to him also, it was in him and of him, and so there was a song in his heart. He was hungry and the friend of man again. Now everything was possible. The girl? Was she not by his side? The regeneration of Ireland and of Man? That could be done also; a little leisure and everything that can be thought can be done: even his good looks might be returned to him: he felt the sting and tightness of his bruises and was reassured, exultant. He was a man predestined to bruises; they would be his meat and drink and happiness, his refuge and sanctuary forever. Let us leave him, then, pacing volubly by the side of Mary, and exploring with a delicate finger his half-closed eye, which, until it was closed entirely, would always be half-closed by the decent buffet of misfortune. His ally and stay was hunger, and there is no better ally for any man: that satisfied and the game is up; for hunger is life, ambition, good-will and understanding, while fullness is all those negatives which culminate in greediness, stupidity and decay; so his bruises troubled him no further than as they affected the eyes of a lady wherein he prayed to be comely.

Bruises, unless they are desperate indeed, will heal at the last for no other reason than that they must. The inexorable compulsion of all things is towards health or destruction, life or death, and we hasten our joys or our woes to the logical extreme. It is urgent, therefore, that we be joyous if we wish to live. Our heads may be as solid as is possible, but our hearts and our heels shall be light or we are ruined. As to the golden mean—let us have nothing to do with that thing at all; it may only be gilded, it is very likely made of tin of a dull color and a lamentable sound, unworthy even of being stolen; and unless our treasures may be stolen they are of no use to us. It is contrary to the laws of life to possess that which other people do not want; therefore, your beer shall foam, your wife shall be pretty, and your little truth shall have a plum in it—for this is so; that your beer can only taste of your company, you can only know your wife when some one else does, and your little truth shall be savored or perish. Do you demand a big truth? Then, Oh Ambitious! you must turn aside from all your companions and sit very quietly, and if you sit long enough and quiet enough it may come to you; but this thing alone of all things you cannot steal, nor can it be given to you by the County Council. It cannot be communicated, and yet you may get it. It is unspeakable but not unthinkable, and it is born as certainly and unaccountably as you were yourself, and is of just as little immediate consequence. Long, long ago in the dim beginnings of the world there was a careless and gay young man who said—"Let truth go to hell"—and it went there. It was his misfortune that he had to follow it; it is ours that we are his descendants. An evil will either kill you or be killed by you, and (the reflection is comforting) the odds are with us in every fight waged against humanity by the dark or elemental beings. But humanity is timid and lazy, a believer in golden means and subterfuges and compromises, loath to address itself to any combat until its frontiers are virtually overrun and its cities and granaries and places of refuge are in jeopardy from those gloomy marauders. In that wide struggle which we call Progress, evil is always the aggressor and the vanquished, and it is right that this should be so, for without its onslaughts and depredations humanity might fall to a fat slumber upon its corn-sacks and die snoring: or, alternatively, lacking these valorous alarms and excursions, it might become self-satisfied and formularized, and be crushed to death by the mere dull density of virtue. Next to good the most valuable factor in life is evil. By the interaction of these all things are possible, and, therefore (or for any other reason that pleases you) let us wave a friendly hand in the direction of that bold, bad policeman whose thoughts were not governed by the Book of Regulations which is issued to all recruits, and who, in despite of the fact that he was enrolled among the very legions of order, had that chaos in his soul which may "give birth to a Dancing Star."

As to Mary—even ordinary, workaday politeness frowns on too abrupt a departure from a lady, particularly one whom we have companioned thus distantly from the careless simplicity of girlhood to the equally careless but complex businesses of adolescence. The world is all before her, and her chronicler may not be her guide. She will have adventures, for everybody has. She will win through with them, for everybody does. She may even meet bolder and badder men than the policeman—shall we then detain her? I, for one, having urgent calls elsewhere, will salute her fingers and raise my hat and stand aside, and you will do likewise, because it is my pleasure that you should. She will go forward, then, to do that which is pleasing to the gods, for less than that she cannot do, and more is not to be expected of any one.

Thus far the story of Mary Makebelieve.

双璧文丛

《烟》

作者:[俄]屠格涅夫

译者:陆蠡

《罗亭》

作者:[俄]屠格涅夫

译者:陆蠡

《沙宁》

作者:[俄]阿尔志跋绥夫

译者:郑振铎

《麦克白》

作者:[英]莎士比亚

译者:戴望舒

《资产家》

作者:[英]高尔斯华绥

译者:王实味

《老实人》

作者：[法] 伏尔泰

译者：徐志摩

《灰色马》

作者：[俄] 路卜洵

译者：郑振铎

《玛丽玛丽》

作者：[爱] 詹姆斯·斯蒂芬斯

译者：徐志摩　沈性仁

《葛莱齐拉》

作者：[法] 拉马丁

译者：陆蠡

《沙恭达罗》

作者：[印] 迦梨陀娑

译者：王维克

《巴黎之烦恼》

作者：[法] 波德莱尔

译者：石民

《英国小品文选》

作者:[英]兰姆 等

译者:梁遇春

《最后一片叶子》

作者:[美]欧·亨利

译者:石向骞

《圣诞节的礼物》

作者:[英]怀特 等

译者:朱湘

《摩尔·弗兰德斯》

作者:[英]笛福

译者:梁遇春

《一个理想的家庭》

作者:[英]曼殊斐尔

译者:徐志摩

《英国文人尺牍选》

作者:[英]拜伦 等

译者:石民

近期陆续推出